문학교수,
영화 속으로 들어가다 5

영화로 세상과 역사와 인간을 말하다

문학교수,
영화 속으로
들어가다 5

김규종 지음

머리말

『문학교수, 영화 속으로 들어가다』 초판이 나온 지 어언 10년 세월이 흘렀다. 짧지 않은 세월이 흐르고 그 사이에 『문학교수, 영화 속으로 들어가다』는 연작형태로 4권까지 출간됐다. 그러니까 10년 동안 5권의 영화책이 발행되는 셈이다. 서책의 머리말을 쓸 때마다 감회가 같을 수 없겠지만, 10년 세월이 경과한 오늘 다섯 번째 머리말은 색다른 감회가 든다.

이번에 출간되는 『문학교수, 영화 속으로 들어가다 5』에 담긴 영화는 2013년부터 2014년까지 본 작품이 주종을 이룬다. 그 시기 나는 민교협 공동의장과 경북대 인문대학장 노릇 한다고 적잖게 분주했다. 영화 보러 갈 시간도 충분하지 못했고, 영화에 관한 글을 쓸 심적인 여유도 부족했다. 그것은 나의 역량부족이 가장 큰 원인이다. 개인적인 자질과 재능이 있다면, 무슨 일을 한다 해도 그다지 큰 어려움을 겪지 않을 것이기 때문이다.

요즘은 '인문학 열풍'이 불어서 인문학 관련 대중강연이 도처에서 이뤄지고 있다. 나도 인문학을 공부하고 가르치는 사람인지라 이곳저곳의 대중강연에 동참하고 있다. 『논어』와 『도덕경』, 『장자』와 『사기열전』 같은 동양고전 강연이 많지만, 영화와 관련한 강연을 부탁하는 곳도 있다. 나는 언제나 유쾌한 마음으로 강연에 임하고 있다.

강연에서 나는 원전은 찬찬히 뜯어보고, 영화는 여러 번 보기를 권한다. 누군가의 말을 듣는 것도 중요하지만, 무엇보다 우선하는 작업은 원전을 몸소 읽고 사유하는 일이기 때문이다. 영화도 매한가지다. 정말로 마음에 들거나, 어려운 영화라면 열 번이고 스무 번이고 보아야 한다. 그리고 자신의 생각과 감상을 기록으로 남겨야 한다. 영화에 대한 기억을 편린으로만 간직하는 것과 일관성 있게 정리하는 작업은 전혀 다른 결과를 가져오기 때문이다.

영화를 보면서 우리는 마음속에 결정을 내리고 있다. 이번에 볼 영화에 대한 기대치와 효용에 대한 판단기준을 이미 가지고 있다는 얘기다. 그냥 시간을 죽일 것인가, 연인과 데이트하는 수단으로 쓸 것인가. 깊이 있게 사유하고 성찰할 것인가, 아니면 영화의 상상력에 몸을 맡길 것인가. 잊어버린 옛사랑의 추억을 반추하거나, 문학과 예술의 고전을 영화로 만날 것인가. 직접 경험하지 못한 과거로 돌아갈 것인가, 혹은 미래세계와 조우할 것인가.

이런 식으로 영화는 장편소설 같은 무궁무진한 가능성으로 우리 곁을 찾아온다. 그래서다. 우리가 영화에 열광하고 쉽게 마음을 여는 까닭은 거기에 있다. 영화에 부여된 장르의 통합과 확산 가능성이 어떤 예술 장르보다 드넓고 다채롭다는 데 영화의 힘이 있는 것이다. 그러기에 한 편의 영화에 주어진 장르규정은 보는 사람에 따라서 달라질 수 있다.

2014년 개봉되어 천만관객을 동원한 『인터스텔라』를 생각해보자. 공상과학 영화로 장르가 규정되어 있다. 얼핏 보면 맞는 말 같다. 하지만 그것은 영화의 형식과 내용 가운데 일부에만 적용 가능하다. 『인터스텔라』에 담긴 미래세계의 사막화와 우주개발이란 면을 생각하면 사회 드라마 요소가 강하다. 아버지와 딸의 사랑을 강조한 면에서는 이른바 가정 드라마 요소도 있고, 남녀 주인공에 초점을 맞추면 로맨스 장르도 가능하다.

내가 독자 여러분에게 드리고 싶은 이야기의 요체는 각자의 시선과 사유에 대한 선택과 책임이다. 영화를 선택하고 이해하며 해석하는 작업에서 여러분이 주인의식을 가졌으면 한다. 주말마다 텔레비전마다 그만그만한 내용으로 덧칠되는 영화소개 프로그램에 현혹되지 않기 바라는 것이다. 거기서 다뤄지는 영화는 상업성 짙은 오락영화이거나 가벼운 소재와 우스개를 동반하는 경우가 많다. 국내의 대형 영화사나 보급망을 가진 영화이거나, 할리우드 영화가 주류를 이루기 때문이다.

한국영화는 지금 천만관객 신화에 매몰되어 다양성을 급속하게 상실하고 있다. '돈'과 '흥행'을 향한 대형 기획사들의 열망 때문에 패기 넘치는 신인 감독이나 시나리오 작가 발굴이 대단히 어려운 형편이다. 얼마 전에 발생한 배창호 감독의 지하철 투신사건이 단적인 예다. 상당한 역량과 영화에 대한 사랑으로 유명한 감독을 우울증과 절망감으로 좌절시키는 거대자본과 시장의 행악질이 우심하다는 얘기다. 이런 점을 우리 관객들도 같이 고민하고 해결책을 함께 모색해 보았으면 하는 바람이다.

이번에 출간되는 『문학교수, 영화 속으로 들어가다 5』에는 어느 일간지에 실린 몇 편의 영화관련 글도 포함되어 있다. 짧지만 명쾌하게 영화의 고갱이를 밝히려고 애쓴 글들이다. 아주 특이하지만 <변

호인> 영화평은 두 편을 실었다. 영화를 보는 내내 우울하고 절망적인 한국사회가 떠올랐기 때문이다. '세월호 참사'로 얼룩진 사고 공화국 대한민국과 그것을 방치하고 뭉개는 나의 조국 대한민국의 무능하고 타락한 권부와 관료들과 정치가들. 그런 자들에게 일대경종을 울린 영화가 <변호인>과 <명량> 아닌가?!

우리가 기다리는 영웅은 우리가 만들고 찾아내야 한다. 언젠가 『영웅의 역사』에서 토마스 칼라일은 일갈했다. "종놈들의 눈에는 종놈들만 보입니다. 우리가 작은 영웅이 되어서 위대한 영웅을 찾아내야 합니다." 영웅은 기다린다고 출현하는 것은 아니다. 더욱이 21세기는 '대중의 반역'이 극에 달해 영웅도 왜소하게 만들어버리는 광기의 시간대 아닌가?! 이런 점에서 우리는 겸허하고 진지하게 시대와 역사와 세상을 성찰해야 하리라 믿는다.

『문학교수, 영화 속으로 들어가다 5』가 그런 시대의 희망과 소명에 작은 디딤돌 하나가 되기를 간절히 바라면서 글을 마치고자 한다. 서책의 출간을 위해 애써주신 '글누림출판사'의 이태곤 편집장님과 관계자 여러분에게 깊이 고개 숙인다. 독자 여러분의 앞날에 신의 무궁한 가호와 보살핌이 항상 동반하기를 바란다.

2015년 6월
넝쿨장미 흐드러진 청도 '파안재'에서 김규종

contents

2013년에 내가 본 영화

2014년에 내가 본 영화

2013년에 내가 본 영화

감독 | 조근현

주연 | 진구, 한혜진, 임슬옹

장르 | 액션

연도 | 2012

01

치유할 수 없는 고통에 대하여

〈26년〉

우리는 잊고 산다. 슬픈 일이든 기쁜 일이든, 영광이든 수치든 시간과 더불어 많은 것은 망각되어 기억 너머로 사라져 간다. 그것이 인생이고, 그것이 자연의 이치이며, 그것이 세상을 순탄하게 살아가는 방법이기도 하다. 하지만 결코 잊히지 않는 일과 사람과 관계가 있다. 아주 오래도록 혹은 생과 작별하는 마지막 지점까지.

강풀 만화를 원작으로 삼은 영화 <26년>은 잊을 수 없는 사건의 피해자들과 가해자의 이야기를 담아낸다. 1980년 5월 광주민중항쟁의 소용돌이 속에서 엄마와 아빠 그리고 누나를 잃어야 했던 세 사람의 운명을 손에 잡힐 듯 그려낸다. 영화 첫머리에 나오는 만화형식은 광주항쟁의 잔인하고 처참한 살육과정을 너무도 생생

하게 잡아낸다. 차마 두 번 보고 싶지 않은, 천인공노할 만행의 현
장을 두 눈 부릅뜨고 그려내는 영화가 관객들의 살을 떨리게 한다.

　　강산이 두 번 하고도 절반 변한 시점에서도 우리의 주인공들은
그때 그 사건을 절대로 잊을 수 없다. 어떻게 잊을 수 있겠는가!
눈앞에서 엄마가 아빠가 그리고 누이가 죽어나갔는데, 어떻게 망
각할 수 있단 말인가. 그래서 광주 망월동은 오늘도 현재진행형
역사의 현장이다. 부모와 형제를 잃은 세 사람이 한자리에 모인다.
그들은 조폭 중간보스 곽진배, 국가대표 사격선수 심미진, 서대문
경찰서 소속경찰 권정혁이다.

　영화의 흥미로운 대목은 그들을 불러 모은 사람이 광주항쟁 당시 계엄군으로 시민들을 학살한 경험을 가진 보안업체 회장 김갑세라는 사실이다. 김갑세는 그날 이후 말할 수 없는 심리적 외상을 겪으면서 김주안을 양아들로 삼는다. 주안의 부모 역시 광주항쟁 당시 계엄군 총칼에 세상을 등졌던 것이다.

　이런 형태로 <26년>은 우리가 까맣게 잊고 살았던 광주의 사람들과 그날의 피 맺힌 절규와 한을 영화 전면에 부설하고 관객에게 묻는다. "당신들의 26년은 안녕한가!" 하고 영화가 주장하는 핵심에는 살인마이자 학살자 전두환의 비정함과 뻔뻔스러움, 그를

따르고 경호하는 세력의 맹목적인 충성과 국가의 과잉경호 등이
다. 전직 국가원수라는 이유만으로 국민들의 혈세를 축내고 있는
이 땅의 암울한 현실을 강력하게 고발하는 영화가 <26년>이다.

긴 세월이 흐른 지금에도 온갖 권세와 사치와 향락을 누리면서
국민들을 기만하는 학살원흉을 단죄하려는 사람들의 기획은 과연
성공할 것인가! 그것에 내재한 근본적인 의미가 무엇인가, 우리는
과연 지난 26년 동안 어떻게 살았는가, 하는 문제를 생생하게 묻
는 영화 <26년>이 관객들을 끌어 모으고 있다.

〈아무르〉

감독 ┃ 미카엘 하네케

주연 ┃ 장-루이 트린티냥, 엠마누엘 리바, 이자벨 위페르

장르 ┃ 드라마

연도 ┃ 2012

02

〈아무르〉에서 만나는 인생의 비애

〈아무르〉

<피아니스트>(2002)와 <하얀 리본>(2009)으로 실력을 인정받은 오스트리아 출신 감독 미하엘 하네케의 영화 <아무르>가 상영되고 있다. 2012년 '칸 영화제'에서 대상인 황금종려상을 수상한 <아무르>. 아무르(amour)는 사랑이나 애정을 가리키는 프랑스어 단어다. 그러나 어휘의 뜻에만 생각이 미쳐 남녀의 달착지근한 사랑영화를 기대하는 관객이라면 낭패 보기 십상이다.

그도 그럴 것이 <아무르>에서 사건의 핵심은 노경을 맞이한 부부의 아주 쓸쓸한 사랑에 관한 이야기이기 때문이다. 조르주와 안느 부부는 피아니스트로 살아오면서 평생 서로를 사랑해 온 금슬 좋은 부부다. 어느 날 안느에게 뇌졸중이 발병해서 언어중추에

이상이 발생하고 엎친 데 덮친 격으로 결국 반신불수 상태에까지 이르게 된다. 어떻게 할 것인가.

인텔리로 평생을 살아온 고상한 여인 안느가 보여주는 인간의 저 깊은, 바닥 모를 심연의 끄트머리는 얼마나 처연한가. 조르주는 그런 아내를 시설 좋은 병원에도 넣어보고, 실력 좋다는 간호사들을 붙여주기도 한다. 하지만 안느와 조르주는 병원에도 간호사에게도 만족할 수 없다. 치매 수준에 근접한 늙은 환자를 물질에 기초하여 돌보는 행위에 만족할 수 있는 환자나 가족이 얼마나 될 것인가?!

<아무르>는 이 지점부터 본격적으로 노부부의 내면 풍경, 특히 남편인 조르주의 심리적 동선과 변화 과정을 추적한다. 영화는 시종일관 느릿느릿하게 진행된다. 주인공들의 나이가 말해 주듯 어떤 역동성과 속도감도 영화는 보여주지 않는다.

　그 대신에 <아무르>는 불치병에 걸린 환자의 미묘한 떨림과 저항과 자의식이 어떻게 발현되는지 섬세하게 잡아낸다. 그리고 하나밖에 없는 딸 에바와 아버지 조르주의 관계에 대해서도 깊이 있는 성찰을 보여준다.

　영화에서 사실적이되 충격적이면서 울림이 깊은 장면은 조르주가 안느의 귀뺨을 때리는 대목이다. 한사코 물을 먹이려는 조르주와 끝끝내 물 먹기를 거부하는 안느 사이의 밀고 당기기가 지속되는 시점에서 인내심과 평정심을 잃은 조르주가 안느의 왼쪽 뺨을 사납게 후려갈기는 것이다. 신음처럼 경악하는 소리가 객석 곳곳에서 울려 퍼진다.

　우리는 치매와 중풍환자의 이야기와 허다한 사례에 대해 익숙하게 말하고 듣는다. 하지만 그런 상황이 실제로 가족 관계에서 발생한다면 어떻게 대응할 것인지에 대해서는 사유하지 않는다. 그런 비극적인 사건은 언제나 남들 이야기라고 치부하고 살아가기 때문이다. <아무르>는 그와 같은 상황이 우리 모두에게 일어날 수 있음을 보여주면서 인생 끄트머리에서 맞이할 수 있을 궁극적인 사랑의 리트머스를 가늠하도록 인도하는 것이다.

　가능한 최후까지 서로 사랑하되, 우리가 인간의 존엄성을 어떻게 지켜낼 것인지에 대한 사유도 넉넉하게 품고 있는 영화 <아무르>가 조용히 상영되고 있다.

클라우드 아틀라스

감독 | 앤디 워쇼스키, 라나 워쇼스키, 톰 티크베어

주연 | 톰 행크스, 할리 베리, 짐 스터게스, 배두나

장르 | SF, 액션

연도 | 2013

03

윤회와 사랑으로 현대를 비판하다

〈클라우드 아틀라스〉

<매트릭스> 연작으로 세계를 흥분시킨 워쇼스키 형제가 <클라우드 아틀라스>를 가지고 돌아왔다. 형제였던 그들 가운데 형이 성전환 수술로 라나 워쇼스키가 되었고, 여기에 티크베어 감독이 추가되어 세 사람이 만든 영화가 <클라우드 아틀라스>다. 동명의 원작소설을 바탕으로 만들어진 영화는 21세기 인간조건과 미래세계를 다채롭게 성찰한다.

<매트릭스> 전편에는 미래에 대한 낙관주의적인 전망과 인간의 구원 가능성이 깔려 있었다. 그런 면에서 <클라우드 아틀라스>가 어떤 미래상을 제시하고 있는지 생각해보는 것도 흥미로운 작업일 것이다. 500년 가까운 시간과 거기 연동된 공간을 무시로

넘나들면서 기상천외한 사건으로 넘쳐나는 <클라우드 아틀라스>.
잠시 그 세계로 들어가자.

문명비판: 1974년 핵발전소와 오일쇼크 그리고 문명 이후

인간을 둘러싼 사회적 환경, 달리 말하면 문명의 본질과 외양을
비판적인 관점으로 투시한다는 점에서 <클라우드 아틀라스>는
상당히 매력적이다. 첫 번째 이야기의 배경이 되는 1849년의 대항
해시대는 18세기 계몽주의를 경과하면서 탄생한 산업혁명을 근저
로 한다. 이른바 '해가 지지 않는 나라' 대영제국의 신화가 만들어
진 빅토리아 왕조시기.

　제국의 이면에는 노예제도가 있으며, 그것은 아메리카의 남북전쟁(1861~1865)에서 정점에 이른다. 영화에서는 백인 우월주의와 제국주의의 발호, 식민지 쟁탈로 인한 약육강식의 시기에 대한 사변적인 태도가 그려진다. 또한 자연과학과 실증주의가 득세하면서 평등주의자 어윙은 의학에 대한 과도한 신뢰로 죽음 직전까지 몰린다. 여기서 과학은 만능인가, 하는 문제가 제기된다.

　제3장에서 그려지는 1974년과 핵발전소의 어두운 배후에는 석유에 기초한 현대 문명의 위기적 징후가 자리한다. 1973년 10월에 발발한 제4차 중동전쟁과 '오일쇼크'로 발생한 에너지 위기는 원자력에 대한 의존도를 수직 상승시킨다. 그 결과로 나타난 것이 핵발전소 증설과 거기서 파생하는 인류의 절멸 위기이다.

제6장 문명 이후의 세계는 인간에게 허여되었던 모든 문명이 철저하게 파괴된 이후의 세계를 가감 없이 보여준다. 인간의 육체적인 힘과 원초적인 본능만이 생생하게 살아서 인육을 먹고 인간의 피를 마시는 극한적인 야만의 시간과 공간이 드러난다. 어쩌다 인간이 저 지경에까지 몰리게 되었는가, 하는 시사점을 영화는 실감나게 재현한다.

윤회 : 인연설 내지 연기설

<클라우드 아틀라스>가 한국 관객들에게 친숙하게 느껴지는 까닭은 영화가 윤회 사상에 상당부분 의지하고 있기 때문일 것이다. 달라이 라마와 티베트 불교의 환생을 들먹이지 않아도 우리는 윤회에 익숙하다. 만해 한용운 선생의 시를 생각해보자.

"우리는 만날 때에 떠날 것을 염려하는 것과 같이 떠날 때에 다시 만날 것을 믿습니다."

"타고 남은 재가 다시 기름이 됩니다.
그칠 줄 모르고 타는 나의 가슴은 누구의 밤을 지키는 약한 등불입니까?"

　전자는 <님의 침묵>에서 후자는 <알 수 없어요>에서 인용한 것이다. '생자필멸(生者必滅) 거자필반(去者必反)'이라는 회자정리(會者定離)에 기초한 시가 <님의 침묵>이고, 돌고 도는 윤회에 터를 둔 시가 <알 수 없어요>다. 따라서 이런 시를 암송하는 한국인들에게 <클라우드 아틀라스>는 결코 낯선 영화가 될 수 없다.

　제1장의 주인공 어윙은 노예제도에 반대하고, 흑인노예의 생명을 구해주려는 인물이다. 어윙의 장인은 사위를 비난하면서 "자네가 뭘 하든 무한한 바다 속의 물방울 하나보다 못해"라고 비웃는다. 그러자 어윙은 "바다는 수많은 물방울들의 집합이 아닌가요?"라고 응수하면서 대양을 향해 초개 같이 몸을 던진다. 그의 아내

틸다가 그를 동반한다.

제5장 2144년 네오 서울에서 어윙은 장혜주로 거듭난다. 혜주는 인간의 탐욕을 채워주기 위해 무한 복제된 클론의 편에 서서 싸운다. 그가 죽음을 무릅쓰고 구해주려는 클론은 손미 451인데 그녀는 제1장에서 등장했던 틸다이다. 300년을 사이에 두고 어윙 부부는 인간과 클론으로 환생하여 서로 의지하고 사랑하는 관계를 지속하는 것이다.

착취와 피착취 : 끝없는 충돌

원시공산제 사회를 지나 계급이 탄생한 이후 인간은 끝없이 다른 인간을 착취해왔다. 착취와 피착취의 연면 부절한 역사 위에 인간의 자취는 만들어졌다. 이것은 영화에서도 여실하게 드러난다. 1936년 스코틀랜드를 배경으로 진행되는 제2장의 이야기는 유명 작곡가에게 의지해야 하는 천재적인 작곡가 로버트 프로비셔의 비극적인 생을 다룬다.

인간착취의 지극한 형식이 전쟁이고, 그것을 극명하게 드러낸 것이 제2차 세계대전이었다. 세계대전을 목전에 둔 시점에서 펼쳐지는 동성애의 음울하고 슬픈 결말과 생존을 위한 자발적인 피착취의 굴레 속에서 <클라우드 아틀라스 6중주>가 작곡되기에 이른다. 누군가는 빼앗고 누군가는 빼앗기지만 세상은 외견상 평온하게 유지되고 굴러간다.

이런 점은 2012년 영국을 배경으로 펼쳐지는 다섯 번째 이야기에서도 변주된다. 이야기는 졸부가 된 출판업자 캐번디시의 황당한 경험을 바탕으로 진행된다. 돌고 도는 돈의 순환 속에서 잠시 황홀했던 주인공이 빠져드는 절망적인 상황을 극복하는 장면은 현대의 많은 것을 돌아보도록 한다. 보호시설이란 명목으로 인간의 인간에 대한 무차별적인 폭력과 억압, 굴종이 얼마나 일반화되었는지 생각하도록 인도하는 것이다.

착취와 피착취가 가장 노골적이고 직접적으로 그려져 있는 다섯 번째 이야기는 참혹하기 그지없다. 수명이 다했거나 더 이상 쓸모가 없는 클론들을 거꾸로 매달아 인간의 일용할 양식으로 활용하는 끔찍한 장면이 우리를 전율케 한다. 도살장이나 정육점에 널려 있는 소와 돼지를 방불케 하는 복제인간들의 대열이 가져다주는 몸서리나는 장면이라니!

인간의 미래 : 미래의 인간은 행복할 것인가

영화에서 그려지는 장면들은 섬뜩하고 우울하며 구슬프다. 웃음과 안온함, 평온함과 만족감을 주는 장면은 거의 나타나지 않는다. 객석에서 터지는 것은 웃음이 아니라, 신음과 놀람의 소리들이다. 그렇다고 해서 영화가 비극적이라거나 파괴적인 면을 두드러지게 강조하는 디스토피아의 전형이라는 얘기는 결코 아니다. 외려 그 반대다!

야만적인 코나 부족의 살육에 맞서서 영웅적인 투쟁을 전개하는 자크리의 용기는 우리를 감동시킨다. 처음에는 나약한 겁쟁이로 그려지는 인물이지만, 시간과 더불어 그는 저항과 반역을 꿈꾸면서 마침내 그것을 실현하기에 이른다. 그런 행복한 결말은 세 번째 이야기에서 그가 도와주었던 여기자 레이의 환생이 있었기에 가능했지만 말이다.

그들은 인간문명이 완전히 절멸된 다른 행성 어딘가에서 자연 상태로 살아간다. 하지만 그들은 불편하거나 쓸쓸하거나 괴로운 표정이 아니다. 반대로 속도와 무한경쟁과 약육강식의 비인간적인 야만의 시대와 작별한 홀가분한 표정이다. 주어진 소박한 일상의 나날을 향수하면서 서로 의지하고 사랑하며 행복으로 넘쳐나는 생을 누리고 있는 것이다.

<클라우드 아틀라스>는 제2장과 제3장, 그리고 제5장을 제외한다면 행복한 결말을 가진 영화라 할 수 있을 듯하다. 노예제도에 반대하여 감연히 떨치고 일어서는 어윙, 보호시설을 탈출하여 자유를 찾는 캐번디시, 그리고 잔학무도한 코나 부족을 극복하고 행복한 가정을 꾸린 자크리. 이렇게 본다면 우리네 인생살이는 일장의 희비극이라 하지 않을 수 없다.

글을 마치면서

"우리의 삶은 우리 것이 아니다. 자궁에서 무덤까지 타인들과 묶여 있고, 우리가 저지른 악행과 우리가 베푸는 선행이 새로운 미래를 탄생시킨다."

지금과 여기를 살아가지만 인생을 탕진하거나 탐욕에 빠져들거나 사악한 짓을 하지 말라는 경고다. 왜냐하면 타고난 업(카르마)을 극복하지 못한 인간은 다시 태어나야 하기 때문이다. 재탄생하게 될 때 우리는 전생의 업에 따라 너무도 다른 외양을 가지게 될 것이기 때문이다. 오늘의 작은 행동 하나가 수백 년 뒤 우리의 삶을 좌지우지할지 모른다.

문제는 우리에게 허여된 삶의 근본적인 주재자가 우리 자신이 아니라는 사실이다. 우리는 개별적인 주체나 개인으로 존재하지 않는다. 하나의 물방울처럼 고유하고 독특하지만, 그것들은 필연적으로 뒤섞인다. 그리하여 바다라는 거대한 종착점으로 흘러 들어간다. 그 과정에서 우리는 언제나 서로 만나고 투쟁하고 사랑하며 타인과 강박되어 있는 것이다.

너는 너 혼자가 아니고, 나는 독자적인 내가 아니다. 나와 너, 우리와 너희는 언제나 함께 해야 하는 야누스의 두 얼굴이다. 이것이 인간인 우리가 짊어진 불가피한 운명이다. 그러니 그대들이

여, 사랑하라! 사랑하고 또 사랑하라! 죽음이 찾아올 최후의 그 시
각까지!

레미제라블

감독 l 톰 후퍼

주연 l 휴 잭맨, 앤 해서웨이, 러셀 크로우

장르 l 드라마

연도 l 2012

04

사랑과 용서 그리고 혁명의 위대한 서사시

〈레미제라블〉

한 편의 영화에서 너무 많은 것을 기대하는 것은 어리석은 짓이다. 영화는 잘 차린 뷔페식당 메뉴가 아니기 때문이다. 그런 연유로 대개의 경우 영화에는 고유한 장르가 설정되어 있는 것이다. 드라마가 스릴러와 만나거나, 역사와 추리 드라마가 만나기도 하지만, 우리는 멜로나 드라마, 역사나 전쟁 혹은 액션 같은 단일 장르규정에 훨씬 익숙하다.

여기 뮤지컬 형식을 빌려 프랑스 혁명기를 살아간 인간 군상들의 다채로운 이야기를 화려하게 풀어낸 영화가 있다. 빅토르 위고 원작의 <레미제라블>이다. 빵 한 조각 훔쳤다는 죄목으로 무려 19년을 감옥에서 썩어야 했던 인간 장발장. 그가 운명처럼 만나게 된 여인 팡틴. 그리고 장발장을 저승사자처럼 집요하게 추적하는 자베르 경감.

영화는 자베르와 장발장의 이야기에 초점을 맞추는 것 같지만 감독의 관심영역은 그 외연이 훨씬 넓고, 깊이도 상당히 깊다.

팡틴의 딸 코제트를 거둔 장발장이 영웅적인 행각을 거듭하고, 소녀에서 처녀로 성장하는 코제트는 청년 혁명 전사 마리우스와 사랑에 빠진다. 보통의 운명을 지닌 인간들과 달리 매우 복잡다단하며 파란만장한 생을 살아야 했던 장발장의 배후에는 지극히 인간적인 생을 향한 집념과 언제나 자신의 본질을 묻는 구도자의 면모가 공존한다.

성당에서 훔친 기물로 새로운 생을 개척해나가는 그는 언제나 "나는 누구인가?" 하는 존재론적이고 철학적인 문제제기를 멈추지 않는다. 그러면서 동시에 장발장은 평생의 원수 자베르에게 복수할 기회를 갖지만 복수를 실행하지 아니하고 그에게 생명의 길을 터준다. 그것이 <레미제라블>에서 만날 수 있는 백미 가운데 하나다. "네 이웃을 사랑하라!"

영화가 이 지점 어디에서 멈춰버렸다면 우리는 상당히 쓸쓸하고 허전했을 것이다. 왜냐하면 <레미제라블>의 지향은 역사와 민중의 심연을 정면으로 향하고 있기 때문이다.

　바리케이드를 사이에 두고 정면 대결하는 민중과 경찰의 폭력적인 전투장면은 오래도록 잊히지 않을 것이다. 빵과 자유를 향한 인류의 부단하고 지난한 투쟁의 역사는 오늘도 지속되고 있기 때문이다. 그것을 바탕으로 인간적인 용서와 화해 그리고 사랑의 위대한 서사가 뒤섞여 있는 영화 <레미제라블>은 560만 관객을 넘어 600만 고지를 향해 오늘도 질주하고 있다.

　영화 끄트머리에서 장발장이 부르는 노랫말은 <레미제라블>의 주제를 압축적으로 드러낸다.

　"모두 사랑의 전사가 되세. 강하고 용감하게 행군하세. 바리케이드 저편 어딘가에는 그리던 낙원이 있을까? 민중의 노래가 들리는가? 아득한 북소리가 들리는가? 저 노래는 그들이 이뤄나갈 미래의 소리!"

　사랑과 혁명, 아름다운 미래로 진군할 민중의 운명을 노래하는 장발장. 그런 점에서 영화는 "오오, 가련한!"이라는 원작의 제목과 유쾌하게 상충한다!

더 헌트

감독 I 토마스 빈터베르그

주연 I 매즈 미켈슨, 토머스 보 라센, 수시 울드

장르 I 드라마

연도 I 2013

05

사냥꾼과 사냥감 사이에서

〈더 헌트〉

글을 시작하면서

한국에서 덴마크 영화를 본다는 것은 생경한 노릇이다. 국가의
기준이 아메리카에 맞춰져 있어서 문화와 예술은 물론 영화와 음
식까지도 양키기준이 한국기준이니 말이다. 영화를 수입하고 배급
하기로 작심한 '엣 나인 시네마'는 대단한 모험을 한 셈이다. 이런
시도가 중첩되어 다양한 영화감상을 가능하게 하는 것은 의미 있
는 작업이 아닐 수 없다.

<더 헌트>에 대해서 우리가 가진 정보는 그야말로 미미한 수
준이다. 주인공 배역을 맡은 매즈 미켈슨이 <007 카지노 로얄>
에서 인상적인 악역연기를 펼쳤다는 것과 2012년 칸 영화제에서

남우주연상을 받았다는 정도가 고작이다. 그래서인지 모르지만 객석을 메우고 있는 관객의 절반 이상을 여성이 채우고 있었다.

오락과 폭력의 당의정을 씌워 가족주의 같은 교훈을 설교하는 할리우드 영화와 달리 북유럽 영화는 사변적이고 철학적이며 존재론적인 문제를 다루는 경우가 많다. 프랑스 영화처럼 사소한 일상에 현미경을 들이대지도 않고, 에스파냐 영화처럼 강렬하게 인생을 조명하지도 않는다. 외려 인생에 내재한 모순과 광기 혹은 역사문제에 깊은 관심을 보인다.

어린아이는 진실'만' 말한다?!

죽마고우들이 넘쳐나는 고향 마을에서 유치원 교사로 일하는 루카스 그는 유치원생들의 가장 가까운 친구이자 교사로서 매일매일 헌신적으로 살아간다. 그의 바람은 이혼한 아내가 데리고 있는 아들 마커스를 자주 만나보는 것이다. 마커스를 끔찍이 사랑하는 루카스는 언젠가 아들과 함께 살아갈 수 있게 될 날을 꿈꾸며 오늘도 쓸쓸하게 귀가한다.

　루카스와 가장 가까운 친구인 테오의 딸 클라라는 나이에 비해 숙성한 어린아이다. 유치원 원장의 말처럼 클라라의 상상력은 비상한 경지에 있으며, 또래 아이들과 많은 차이를 드러낸다. 클라라의 마음속 깊은 곳에 루카스가 자리를 틀고 있다. 클라라는 루카스를 아빠의 친구나 선생님으로 대하지 않으려 한다. 사춘기 소녀처럼 생각하고 행동하는 클라라!

　영화는 여기에서 변곡점을 맞이한다. 루카스와 아내 그리고 마커스의 관계가 루카스와 클라라 그리고 테오 가족으로 확장되기 때문이다. 관계의 외연확장은 거기에 멈추지 않고 마을 전체로 뻗어간다. 그리고 그것을 추동하는 본질은 '거짓말'이다. 자존심에 상처를 입은 클라라의 순간적인 거짓말이 마을 구성원 전체를 집단적 광기로 몰고 가는 것이다.

영화에서 빈터베르크 감독이 주목하는 핵심은 거기 있다. '어린아이는 절대로 거짓말을 하지 않는다!'는 믿음을 가지고 살아가는 사람들. 반성적인 사고에 조금도 익숙하지 않으며, 제2의 가능성은 아예 염두에도 두지 않는 사람들. 거짓말은 어른들의 전유물이며, 아이들은 진실만을 말한다는 신화 같은 믿음에 그들은 꽁꽁 동여매어져 있다.

진실의 덫에 갇힌 사람들

사람들은 누구나 자신만의 고유한 믿음과 상(相)을 가지고 살아간다. 70억 인류가 지구에 서식하고 있다면, 70억 가지의 믿음과 70억 개의 상이 혼재하는 세상에서 살아가고 있음을 기억해야 한다. 세상이 이토록 혼란스럽고 복잡다기하며 상호 충돌하는 근본적인 원인은 그것 때문이다. 너무도 다른 인간과 인간의 공존이 어떻게 쉬울 수 있겠는가?!

이런 맥락에서 <더 헌트>는 너무나도 취약한 인간과 인간세상의 면모를 낱낱이 까발린다. 클라라의 말이 상상의 세계에서 나왔는지, 거짓과 허구의 세계에서 출발한 것인지 사람들은 생각하지 않는다. 그들은 성실하고 사려 깊은 유치원 원장의 견해표명에 기대서 사건의 본질에 대한 사유를 미리 포기하고 일찌감치 집단 최면상태에 빠져든다.

루카스를 가장 깊이 이해하고 사랑하는 테오도 예외가 아니라는 사실이 관객을 충격과 공포로 인도한다. 우정과 가족애 사이에서 테오는 잠시 동요하지만, 클라라를 바라보는 부성애가 우정을 압도해버리기 때문이다. 여기서 하나의 문제를 제기할 수 있다. 우리 어린 것이 같은 상황에 직면한다면 우리는 누구의 진실에 동조할 것인가?! 딸인가, 친구인가?

우리가 자명하다고 믿고 있는 진실은 언제나 진실한 것일까. 아니면 그것이 그저 진실이기를 우리는 바라는 것일까. 습관처럼 환청처럼 혹은 피부마냥 익숙해진 관계처럼 그저 진실이려니 하고 치부해 버리는 것일까. <더 헌트>가 관객에게 유의미한 영화로 다가오는 대목이 거기 있는 셈이다. 지극히 당연하고 자명한 사실이기 때문에 그 본질을 들여다보지 않으려는 인간 이성의 허술함에 대한 집중적인 조명과 문제제기!

사냥꾼과 사냥감 사이에서

겨울 초입에 루카스가 사슴사냥에 나선다. 무리지어 서 있는 사슴을 추적하고, 인내하며 최적의 시각을 기다리는 루카스. 마침내 총성이 울려 퍼진다. 의기양양한 루카스와 사슴고기 축제가 벌어지는 은성한 잔치판에 은밀하게 끼어드는 거짓말의 실수 같은 노림수. 루카스는 사슴을 사냥했지만, 그 자신이 사냥감으로 전락했음을 알아차리지 못한다.

<더 헌트>가 섬뜩한 느낌으로 다가오는 것은 그런 연유 때문이다. 유치원 원장의 제보로 경찰조사를 받은 루카스는 혐의가 없는 것이 밝혀져 석방되지만 사태는 호전되지 않는다. 한 가족처럼 지냈던 마을 사람들이, 가장 가까웠던 친구들과 그들의 가족이 루카스를 경원한다. 식료품점 점원들은 가공할 물리적 폭력까지 서슴지 않는다.

루카스가 은밀하게 잠입하여 사슴을 노린 것처럼 사람들은 암묵적인 합의에 의지하여 루카스를 노리고 있는 것이다. 루카스의 라이플총이 사슴사냥 도구라면, 사람들의 불신과 조롱과 냉소와 폭력은 루카스의 마녀사냥 도구인 셈이다. 집단적 신념과 광기에 휩싸인 그들은 사냥감의 진실 혹은 내면세계 내지 배려 따위에는 냉담하고 무관심하다.

약육강식과 전체주의적인 진실 그리고 야만적인 폭력성이 화면 전체를 지배한다. 완벽하게 고립되고 무력해진 루카스의 궐기는 당연해 보인다. 클라라를 따뜻하고 자상하게 대했던 루카스 과연 그는 자신에게 닥친 마을 사람들 전체의 분노와 폭력으로부터 자신과 아들 마커스와 진실추구에 성공할 것인가, 그것이 <더 헌트>의 관건이다.

꼬리를 물고 이어지는 거짓의 행렬

영화의 시간은 어느 해 11월부터 그 이듬해 성탄절 무렵까지의 대략 13개월 정도다. 진실을 밝히고 거짓의 수렁에서 빠져나오려는 루카스의 눈물겨운 사투가 성과를 거두는 것처럼 보인다. 사람들은 조금씩 마음을 열고 루카스와 마커스를 따뜻하게 맞이한다. 성년에 이른 마커스를 축하하는 자리가 만들어지고, 그들은 사슴사냥에 함께 나선다.

만약 이 지점에서 영화가 행복하게 관객과 작별했다면 우리도 만족했을 것이다. 하지만 북유럽 영화가 어디 그리 호락호락한가?! 빈터베르크 감독은 진실의 부활과 우정의 복원, 관계의 건강한 재구축이 절대로 쉽지 않은 작업임을 드러낸다. 노루목에 서서 사슴을 기다리는 루카스. 어디선가 들려오는 한 발의 총성. 넋을 잃고 망연자실해하는 루카스.

그렇게 <더 헌트>는 관객을 마지막까지 혼란의 소용돌이 속으로 몰고 간다. 한 사람을 둘러싼 의혹의 완전한 해명과 그것의 전체적인 수용은 생각보다 어려운 일이다. 집단적인 딱지나 왕따 내지 낙인이 대물림처럼 자리 잡은 국가 지상주의와 '반공 콤플렉스'의 천국 대한민국에서 이런 징후는 도처에서 확인 가능하다.

문제는 루카스 한 사람에게 집단적 광기가 제한되는 것이 아니라, 루카스를 둘러싼 사람들까지 자유롭지 못하다는 사실이다. 루카스의 애인뿐 아니라, 마커스마저 어느 땐가 그런 거짓과 폭력의 희생양으로 전락할 수 있다는 얘기다. 그것이 진실의 이름으로든, 애국주의 내지 민족주의의 탈을 쓰든 결과는 마찬가지라는 것이다. 그것이 영화의 주제다.

글을 마치면서

영화관을 나서는 관객들의 표정이 자못 무거워 보였다. 몇몇 관객은 영화가 끝났음에도 자리에서 일어날 기미조차 보이지 않는다. 이런 장면이 빈터베르크 영화의 힘을 적나라하게 드러낸다. 오랜 숙고와 충격을 가슴 깊은 곳에서 추스른 연후에야 그들은 자리를 벗어났을 것이다. 그런 점에서 <더 헌트>는 울림의 폭과 깊이가 남다른 영화다.

우리가 자주 대면하는 진실과 허위, 개인과 집단, 개인과 국가 사이의 충돌과 그 결과를 영화는 대리 체험하도록 인도한다. 그러면서 영화는 아프도록 묻고 또 묻는다.

"만일 당신이 루카스 같은 상황과 직면하게 된다면, 당신은 어떻게 할 것인가?! 당신은 집단의 이름으로 국가의 이해관계로 민족의 명운이라는 대의로 개인과 특정집단에게 폭력과 광기와 마녀사냥을 행하지는 않았는가? 당신의 판단과 믿음은 언제나 올발랐으며, 지금도 그러하고 앞으로도 그럴 것이라는 확신이 있는가? 정말 그러한가?!"

사라의 열쇠

감독 ┃ 질스 파겟-브레너

주연 ┃ 크리스틴 스콧 토머스, 멜루신 메이얀스

장르 ┃ 드라마

연도 ┃ 2010

06

나치의 홀로코스트에 대한 프랑스의 성찰

〈사라의 열쇠〉

홀로코스트는 제2차 세계대전 중에 나치 도이칠란트가 자행한 대규모 유대인 학살을 일컫는 말이다. 스티븐 스필버그의 <쉰들러의 목록>(1993)이나 로만 폴란스키의 <피아니스트>(2002) 같은 영화에서 유대인 학살과 관련한 내용을 찾을 수 있다. 2010년 프랑스에서 개봉된 영화 <사라의 열쇠>도 이와 비슷한 맥락으로 이해 가능하다.

2009년 프랑스 신문사에서 일하고 있던 기자 줄리아는 유대인 학살사건과 관련한 기사를 취재한다. 줄리아는 1942년 7월 어느 날 파리에서 발생한 유대인 대량 체포와 수용소 이송에 관하여 관심을 가지기 시작한다. 그러다가 그녀는 우연하게 자신의 시댁과 결부된 사건에서 '사라'의 존재를 알게 된다.

그녀 남편의 할아버지가 1942년 8월 파리에서 구하게 된 집 거주자 가운데 하나가 열 살배기 소녀 사라였던 것이다.

여기서부터 영화는 2009년 현재와 1942년 7월 과거를 교차하면서 관객에게 충격적인 사건을 제시한다. 사라는 느닷없이 들이닥친 경찰이 남동생 미셸을 체포하지 못하게 하려고 미셸을 벽장에 숨기고 엄마 아빠와 함께 수용소로 옮겨진다. 사라가 동생에게 남긴 마지막 말은 "반드시 찾으러 올 테니까 여기서 꼼짝 말고 기다리라!"는 것이었다.

과연 사라는 동생에게 한 약속을 실천에 옮길 수 있었을까?!

사업가인 프랑스 남자와 결혼한 줄리아는 어렵게 두 번째 아이를 임신한다. 줄리아는 어떻게든 아이를 낳으려고 하지만 남편은 요지부동이다. 생명의 존귀함을 외면하고 사업과 평안한 가정생활을 고집하는 남편과 격절되어 있음을 느끼는 줄리아. 홀로코스트 취재 과정에서 그녀에게는 생명의 존귀함과 대물림에 대한 생각이 강렬하게 자라난다. 결국 줄리아는 남편과 이혼하고 뉴욕에서 딸 둘을 키우면서 살아가게 된다.

<사라의 열쇠>는 당대를 살아갔던 유대인 소녀의 삶을 추적하면서 그것에 담긴 삶의 비애와 절망을 담담하게 그려낸다. 처절한 절규도 고막을 찢는 아우성도 없지만, 영화는 시종일관 보는 이의 눈시울을 뜨겁게 적시고 마음을 한없이 무거운 나락으로 인도한다. 그러하되 동시에 영화는 우리에게 강력하게 되묻는다.

"그것은 누구를 위한 전쟁이었는가? 유대인들은 왜 그토록 잔인하고 무자비하게 처형당해야 했는가? 나치 도이칠란트와 나치 치하의 프랑스는 온전하게 과거를 청산했는가?"

그렇다면 일제 치하에서 징용과 징병, 정신대로 끌려 나간 식민지 조선의 허다한 청춘남녀의 이야기는 제대로 된 영화로 만들어졌는가, 하는 생각이 시나브로 떠오른다. 제국주의 일본은 진정으

로 과거사를 사죄하였는가? 그런데 그들의 사죄와 반성을 요구할
정도로 한국과 한국인은 성숙했는가, 하는 문제의식도 고개를 쳐
드는 것이다. 과연 그러한가?!

가족의 나라

감독 ┃ 양영희

주연 ┃ 안도 사쿠라, 아라타, 양익준

장르 ┃ 드라마

연도 ┃ 2013

07

개인에게 국가는 무엇인가?!

〈가족의 나라〉

양영희 감독은 독특한 이력의 소유자다. 일본에서 출생한 재일 한국인 2세 출신으로 <디어 평양>(2006)과 <굿바이 평양>(2011) 같은 기록영화로 관객에게 알려졌다. 두 편의 영화에서 그녀는 조총련계 재일동포 문제를 심도 있게 파헤친다. 이번에 관객과 만나는 <가족의 나라> 역시 같은 문제를 다루고 있지만, 기록영화가 아니라 극영화 형식을 취하고 있다.

<가족의 나라>에서 사건의 발단을 제공하는 것은 북송사업이다. 그것은 1959년부터 20년 동안 조총련계 재일동포 9만 4천여 명을 북송한 사업을 일컫는다. 전후 일본에서 차별과 멸시, 냉대에 시달리던 재일동포들이 지상낙원으로 선전된 북한에 자발적으로

찾아들어간 것이다. 그들은 일본과 북한정권의 협약 때문에 지금
도 일본 재입국이 금지된 상태다.

영화는 이런 상황에 처한 성호가 일본에 일시 귀국하면서 겪는
갈등과 가족문제, 나아가 개인과 국가의 관계까지 다각도로 성찰
한다. 한국인들은 까맣게 모르거나 망각하고 있던 조총련계 재일
동포들의 가슴 저미는 사연이 절절하게 그려진다. 한국인도 일본
인도 아닌 채 고립되어 살아가는 일군의 인간들과 만나면서 관객
은 여러 가지를 생각하게 된다.

성호와 순이

성호는 열여섯 살 나이에 북송선에 오른다. 조총련 조직원인 아버지의 의지에 따른 것이다. 세월은 화살처럼 흐르고 드디어 25년 만에 그는 꿈에 그리던 가족에게 귀환한다. 하지만 그의 일본 귀환은 3개월이라는 짧은 기간으로 제한된다. 뇌에 악성종양이 발견되었기에 의료기술이 발전한 일본에서 치료가 허락된 터였다.

북한으로 가기 전에 성호에게는 첫사랑 여인이 있었다. 그녀 이름은 순이! 어린 나이였지만 장래를 약속한 두 사람. 하지만 한 번의 이별로 그들의 인연은 영원히 끊어져버렸다. 성호는 평양에서, 순이는 동경에서 각각 결혼한다. 성호의 귀환 축하잔치에 나타난 순이와 예전에 불렀던 노래를 함께 부르는 성호의 표정이 잠시 상기되는 듯하다.

하지만 그들은 감상에 젖어있을 수 없다. 3개월로 예정된 체류허가 기간이 너무도 빨리, 느닷없이 종결되기 때문이다. 일본을 떠나기 전날 성호는 순이와 재회한다. 신사 앞에서 만나 강변으로 길을 나서는 그들이지만, 그들 흉중에는 다른 생각이 자리한다. 침묵으로 일관하던 성호에게 내일 돌아간다는 말을 듣는 순이의 망연자실함이라니!

<가족의 나라>에서는 영사기가 자주 흔들린다. 감독의 의도적인 '흔들기'로 보인다. 등장인물의 내면이 요동칠 때면 화면이 불

안정하게 흔들린다. 그런데 마지막 장면은 예외다. 차창을 열고 순이와 불렀던 노래를 불러주는 성호. 갑작스레 창문이 닫히고, 성호의 노래는 중지된다. 개인의 마지막 선택마저 봉쇄되는 장면이지만, 화면은 정갈하고 단정하다.

성호와 아버지

성호의 비극적인 운명은 아버지가 결정했다. 아버지는 사회주의 조국인 북한이 필요하다면 무엇이든 할 준비가 되어 있는 인물이다. 사상적으로나 인간적으로 굳세기 그지없는 아버지. 그런 아버지 옆에는 그림자처럼 동생이 자리한다. 성호가 일시 귀국하여 치료를 받게 되는 배경에도 작은아버지의 경제적인 지원과 도움이 절대적이었다.

열여섯 살 성호가 입북하지 못하도록 막았어야 한다고 절규하는 작은아버지. 그러나 아버지는 침묵으로 일관한다. 아버지의 가슴과 사유는 무척 깊고 넓다. 성호가 일본으로 귀환한 지 얼마 되지 않아 여동생 리에와 친구들을 만나러 외출한다. 아주 늦게 귀가한 남매. 그들은 이층 계단 앞에 앉아서 술을 마시며 그들을 기다리던 아버지를 발견한다.

아버지는 시종일관 말수가 적고 근엄한 표정이다. 하지만 얼굴에 서려있는 수심을 도저히 가릴 수 없다. 자신의 오판으로 인해

25년 동안 생이별해야 했던 장남을 대하는 그의 태도에는 형언하기 어려운 슬픔과 아픔이 배어있다. 성호가 리애에게 북한당국이 제안한 과업수행을 말할 때 우연히 엿듣는 아버지의 표정은 얼마나 딱딱하게 굳어 있던가!

아버지의 말 못할 흉중은 성호의 급작스러운 북한 귀환명령이 하달된 이후에 현저하게 드러난다. 아주 오랜 세월 사회주의 조국이 원하는 대로 살아왔던 아버지. 때로는 조국의 바람 이상을 관철하려고 필요 이상의 노력까지 했던 아버지. 그러나 이제 생의 늘그막에 그는 가족의 분열과 해체까지 경험하면서 고통의 극과 대면하고 있는 것이다.

성호와 리애

아버지와 대척점에 서 있는 인물 리애. 일본인의 사고와 국가관에 익숙하고, 개인적인 삶의 지향을 소중히 생각하는 리애. 그녀는 오빠의 부탁 아닌 부탁을 단숨에 거절해 버린다. 그것이 자신의 사적인 사유와 행동을 제한하고 억압하리라는 것을 직감적으로 이해한 때문이다. 하지만 그녀도 오빠나 오빠 가족에게 닥칠 불이익 때문에 괴로워한다.

사무치도록 성호를 그리워하고, 오빠와 상봉한 다음 누구보다도 행복해하는 리애. 그런 그녀가 어느 날 밤 집 밖으로 나간다. 거리

에 주차해 있던 승용차를 향해 삿대질해대는 리애. 차 안에서 성호를 감시하는 임무를 띠고 동행한 양 동지가 나온다. 양 동지에게 거침없이 속내를 털어놓으며 공세적으로 대응하는 리애.

리애는 저 깊은 곳에서 솟구치는 분노와 슬픔과 절망을 주체할 수 없다. 두 주먹을 불끈 쥐고 좁은 골목 안을 이리저리 배회하는 리애. 그녀의 작은 몸에서 분노한 야생동물의 저항본능이 끝없이 분출하는 듯하다. 리애의 이런 모습과 달리 어머니는 언제나 차분하고 수더분하다. 인내심 하나로 세상을 살아온 전형적인 어머니의 모습을 재현하는 것이다.

성호의 귀환통보를 듣고 망연한가 싶더니 어머니는 저금통에서 동전을 꺼내 아들과 양 동지에게 선물을 마련한다. 아무렇지도 않은 얼굴로 선물을 전달하며 활달하게 넘어가는 어머니. 하지만 어머니의 마음이 어디 그런가. 자식이 떠나가기 무섭게 괴로움을 이기지 못해 절규하는 어머니의 모습에서 관객은 국가권력의 잉여와 압제를 절감하게 된다.

개인과 국가

<가족의 나라>에서 한국의 관객들은 오래도록 잊고 살았던 폭력적이고 억압적인 국가권력의 실체를 목도한다. 박정희 유신독재와 전두환-노태우로 이어진 30년 국가폭력의 양상이 이웃나라 일본에서 전개되기 때문이다. 그런데 상황이 묘하다. 일본에서 차별받고 살아가는 재일동포들을 대상으로 자행되는 북한권력의 폭력이라는 점이 그러하다.

우리는 전국에서 떨치고 일어선 1987년 민주화운동의 결과로 절차적인 민주주의를 이룩하였다. 노태우의 야만적인 반동이 민주주의의 물길을 잠시 뒤로 돌렸지만, 토건족 앞잡이 이명박의 천박한 경제 제일주의가 우리 목을 졸랐지만 우리는 꿋꿋하게 살아남았다.

그런데 북한은 어떠한가! 북한의 지령이나 명령으로부터 조금도 자유롭지 못한 조총련계 재일동포들의 삶은 어떤가, 생각하게 되는 것이다. 사회적 네트워크 서비스가 일상화되고, 폭압적인 아랍 세계 정치지도자들이 대거 몰락한 21세기. 개인의 사상과 행동의 자유가 폭넓게 보장되는 21세기 광명천지에서 자행되는 국가폭력의 실체가 아프게 다가온다.

"국가가 당신에게 무엇을 해줄 것인지를 생각하지 말고, 당신이 국가를 위해서 무엇을 할 것인지를 생각하라!"

언젠가 제국 아메리카의 민주당 출신 대통령 케네디가 국민들에게 일갈했던 말이다. 이제 이런 말은 얼마나 생소하며 전근대적이고 시대착오적인가! 국가와 개인의 관계가 전면적으로 재정립되어야 할 때가 아닌가, 하고 양영희 감독은 힘주어 말하고 있다.

글을 마치면서

13개 영화제에서 수상한 <가족의 나라> 포스터에 큼지막한 활자로 이렇게 쓰여 있다.

"세계 영화제를 휩쓴 최고의 화제작! 드라마틱한 실화가 전하는 깊은 감동!"

영화를 보다보니 시나브로 포스터가 떠올랐다. 상을 받을 만한 영화라는 생각이 든다. 일본인 배우들의 연기도 대단하고, <똥파리>의 양익준이 맡은 양 동지 배역도 나무랄 데 없이 좋다. 그런데 영화관에서도 영화가 끝난 다음에도 마음이 시종 불편하고 찜찜하기 이를 데 없다. 아하, 아직도 이렇게 살아가야 하는구나, 하는 아픔 때문이었을 것이다.

"이런 일은 자주 있어. 그곳(북한)에서는 생각하면 안 돼. 그냥 시키는 대로 하면 그만이야. 단 한 가지 생각할 것은 살아남는 것, 그것뿐이야."

성호가 리애에게 들려주는 북한의 실상은 그런 것이었다. 그런 절망적인 상황을 벗어나 언제나 자유롭고 행복한 삶을 살 수 있을까? 깊은 한숨이 절로 새나온다.

2013 CINEMA

지슬

감독 I 오멸

주연 I 이경준, 홍상표, 문석범

장르 I 드라마

연도 I 2013

08

아물지 않은 4·3항쟁의 상처를 어루만지다!

〈지슬〉

글을 시작하면서

故 김경률 감독이 시작하고, 오멸 감독이 대단원을 장식한 영화
<지슬>이 상영되고 있다. 지슬은 제주말로 감자를 뜻한다. 개봉
1주일 만에 누적관객 4만 4천명을 넘어서는 흥행을 보이고 있다.
영화는 1948년 4월 3일 발발한 제주 4·3항쟁을 다룬다. 해방공간
의 격동기에 여순사건과 대구봉기와 더불어 한국 현대사에서 도저
히 잊히지 않는 4·3항쟁!

이승만의 단정수립에 반대하는 제주 사람들을 겨냥하여 경찰이
1948년 3월 1일 발포하여 6명이 사망하고 8명이 부상당한다. 미군
정은 이 사건을 정당방위로 해석하고 제주도민을 폭도로 본다.

4·3항쟁은 이 사건이 도화선이 되어 발생한다. 350명의 무장대가 제주도 안의 12개 경찰지서를 습격함으로써 7년여에 걸친 항쟁이 시작되는 것이다.

영화는 사건의 전말을 다루지 않는다. 작은 마을 주민들의 평온한 일상을 긴박한 사태전개와 맞물리게 함으로써 4·3항쟁의 처절한 양상에서 한 발짝 비켜나도록 관객을 인도한다. 사태의 한가운데서 길을 잃으면 태풍의 눈 속에 들어 있는 것과 같은 이치일 터이므로! 그러하되 <지슬>은 곳곳에 극복하기 어려운 아픔과 상실과 절망을 부설한다.

치유되기 어려운 이야기들

1948년 11월, 해안선 5킬로미터 바깥에 머무는 사람들은 모두 폭도로 간주하고 사살하라는 초토화 작전이 시작된다. 제주도 중산간지역에 살고 있던 주민들은 흉흉한 소식에 더 깊은 산으로 들어간다. 그들은 상황이 어떻게 돌아가는 줄도 모른 채 당장 급한 물품만 챙겨들고 서둘러 집을 나선다. 며칠 지나면 다시 돌아올 것이라 굳게 믿고서.

<지슬>이 아프게 다가오는 것은 전혀 예정돼 있지 않은 사태가 주인공들을 덮치기 때문이다. 순덕이를 사랑하는 만철은 자신의 흉중을 상표에게 털어놓는다. 순덕 아버지보다 항렬이 위인 상표는 만철과 순덕의 일이 잘 되기를 기원한다. 하지만 순덕이 실종되고 두 사람은 그녀를 찾아 나선다. 만철이 마주한 진실은 상상조차 하기 어려운 것이었다.

이런 이야기는 경준과 상표에게도 적용된다. 절체절명의 위기상황에 처한 마을 사람들을 구하려고 상표가 나선다. 자신이 총알보다 빠르다고 우기는 상표가 총알받이를 자처하기 때문이다. 군인들이 총을 쏘면서 상표를 몰고 다니는 장면은 <플래툰>의 마지막 장면과 겹쳐진다. 상표가 감내해야 할 죽음의 공포가 극대화되고, 사태는 더욱 뒤얽힌다.

토벌대를 대동하고 나타난 상표와 그를 맞이하는 경준. 극한상황에 몰리는 두 사람과 그들을 둘러싸는 불가피한 죽음의 그림자. 이 같은 상황은 오직 돼지 걱정에만 정신 팔려있는 원식이 삼촌에 게서도 찾을 수 있다. 피난행렬에 끼지 못한 어머니를 모시러 갔다가 처절한 죽음을 목도하는 무동의 상황은 필설로 차마 다할 수 없다.

<지슬>은 다채로운 인간 군상의 이야기를 흑백영상에 담아낸다. 제주도의 아름답고 평온한 오름에 겹치는 순덕의 벌거벗은 나신은 관객의 눈물샘과 영혼을 깊이 자극한다. 무동 어머니의 죽음과 어머니가 남긴 따끈한 감자는 또 어떤가! 가장 가까운 인간 상표를 죽여서라도 마을 사람들을 구해야하는 경준의 절박한 심사는 어떤 것이었을까? 가늠하기 어렵다.

서북청년단과 민간인학살

<지슬>에 등장하는 사람들은 제주도민들과 토벌대의 두 부류로 나뉜다. 쫓는 자와 쫓기는 자들의 선명한 이분법이 화면을 가득 채운다. 하지만 토벌대 내부에 작은 균열이 만들어진다. 그것은 토벌대의 민간인 학살을 어떻게 바라보는가, 하는 문제에서 발생한다. 특히 서울내기 군인 상덕이 바라보는 제주 4·3사건의 본질은 혼란스럽기 그지없다.

순덕을 겨냥하는 상덕의 총부리가 흔들리고 순덕은 도망친다. 용눈이 오름에 칼바람이 부는데 상덕은 끝내 방아쇠를 당기지 못한다. 왜 무고한 처녀와 어린아이, 할머니까지 폭도로 몰려 학살되어야 하는지 상덕은 토벌대의 행위를 받아들이지 못한다.

영화에서 인상적인 인물로 등장하는 신병이 있다. 정길이다! 그는 온몸을 적셔가며 물통을 지고 나른다. 학살 장면에서 정길의 눈은 언제나 가려져 있다. 프란시스코 고야의 그림 <1808년 5월 3일>에 등장하는 프랑스 군인의 모습을 빼닮았다. 착검한 상태에서 민간인을 향해 총을 겨누는 군인들! 그들에게는 눈이 보이지 않는다. 화가가 눈을 감춰버린 것이다.

정길은 마침내 눈을 뜨고 잔악한 학살자 김 상사를 커다란 솥에 넣어 죽음으로 인도한다. 지극히 순종적이고 저항능력이라고는 찾아볼 수 없던 나약한 인간 정길이 제주도 민간인 학살에 가장 강력하게 이의를 제기한 것이다.

"이제 제발 그만 좀 죽이세요!"

영화의 구성과 구현방식

<지슬>은 프롤로그와 신위, 신묘, 음복, 소지 그리고 에필로그로 이루어져 있다. 프롤로그는 4·3항쟁의 발단에 대한 서술로 시작하며, 네 가지 이야기는 제사형식을 차용한 것이다. 에필로그에서는 감독이 말하고자 한 사태의 핵심을 이야기한다.

죽은 자의 영혼을 모셔 앉힌다는 의미를 가진 '신위神位'. 이 장면에서 영화는 1948년 11월 어느 날 제주도로 돌아가서 토벌대에

참가한 군인들과 그들에게 쫓기는 마을 주민들을 모두 불러낸다. 영혼이 머무는 곳을 뜻하는 '신묘神廟'. 여기서 영화는 그들이 살아가는 양태와 여러 가지 방식으로 죽음에 처하게 되는 과정을 보여준다.

귀신이 남긴 음식을 산 자가 나눠먹는 것을 의미하는 '음복飮福'. 우리는 여기서 무동 어머니가 죽음과 대면하면서도 끝내 지키려 했던 감자와 만난다. 그녀가 남긴 감자를 먹는 사람들과 무동의 울음소리가 겹친다. 신위를 태우고 극락왕생을 기원하는 '소지燒紙'. 토벌대든 주민이든 4·3항쟁 당시 세상을 버린 이들을 향해 울려 퍼지는 만가가 소지 장면이다.

영화는 연극, 특히 마당극의 형식을 차용한다. 이것은 마을 주민들이 피신했던 '큰넓궤동굴' 장면에서 현저하게 드러난다. 마을 사람들 하나하나의 얼굴을 조명하면서 그들이 당면하고 있는 갖가지 사연과 상황을 넋두리하듯 풀어놓는 장면은 압권이다. 누구랄 것도 없이 모두 하나가 되어 4.3항쟁의 시공간 하나를 재연하는 기막힌 장면이 탄생하는 것이다.

에필로그를 바라보는 아쉬움

<지슬>을 숨죽여 보면서 나는 에필로그의 문제점을 지적하고자 한다. 사건이 발생한 지 65년이 넘었는데도 미국은 여전히 침

묵하고 있다는 것이 <지슬>의 결말이다. 제주 4·3항쟁의 근본 원인을 한반도 내부에서 찾는 것이 아니라, 미군정과 제국 아메리카에서 찾고 있는 것이다. 하지만 민족모순과 분단모순의 절반 이상의 책임은 우리 몫이 아닐까?

영화에서 누차 "나는 빨갱이가 싫어! 우리 어머니도 빨갱이가 죽었어!" 하고 내뱉는 서북청년단 토벌 대장의 발언은 에필로그와 상치된다. 4·3사태는 미군정이 주도하고, 남한정부가 추종하며, 그 선봉에 서북청년단과 우익세력이 자리했음은 주지하는 바다. 그럼에도 당대 시공간에서 한국인과 한국정부의 역할과 반성에 대해서 침묵하기는 어려운 노릇 아닐까.

2차 세계대전 이후 세계 곳곳에서 탄생한 신생정부와 폭력적인 정권수립은 우리만의 이야기가 아니다. 그것을 극복하고 민주화와 경제발전을 이룩한 자랑스러운 우리는 이제 남에게 책임을 돌리는 것이 아니라, 우리 자신에게 손가락질을 할 때가 되지 않았는가, 생각한다. 결국 공동체의 최종적인 책임은 외세가 아니라, 공동체 구성원의 모두의 몫이기 때문이다.

글을 마치면서

<지슬>은 '선댄스 영화제' 심사위원 대상을 수상했다.

> "깊이 있는 서사와 더불어 시적인 이미지까지 <지슬>은 우리 모두를 강렬하게 사로잡을 만큼 매혹적이었다." (선댄스 영화제 심사평)

영화는 지나치게 잔인하지도, 지나치게 무겁지도, 지나치게 교훈적이지도 않다. 더러는 따뜻한 웃음이, 더러는 무거운 침묵과 깊은 슬픔이 다가온다. 그것은 "제주 4·3 당시 이름 없이 돌아가신 분들의 제사를 지낸다는 마음으로 <지슬>을 만들었다"고 술회한 감독의 지향점과 잘 맞아떨어지는 것이다.

65년 전 사건을 돌아보고 거기 연루되어 불귀의 객이 되어버린 허다한 영령을 위로하는 소박한 씻김굿이 <지슬>의 본령이다. 이제 그들을 평안하게 보내드리는 일이 남았다! 그것과 더불어 우리가 살아온 지난날들에 대한 전면적인 성찰과 다가올 날들에 대한 미래기획도 우리 몫으로 남아 있다. 반성하지 않는 불행한 역사는 반드시 되풀이되기 때문이다!

웃는 남자

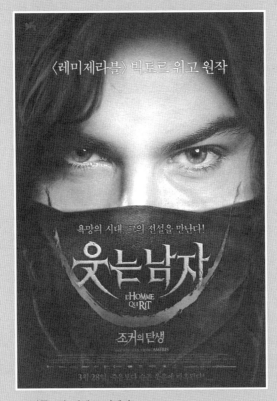

감독 ı 장 피에르 아메리

주연 ı 제라르 드빠르디유, 마크-앙드레 그롱당

장르 ı 미스터리, 판타지

연도 ı 2013

09

사랑과 봉기 사이에서

〈웃는 남자〉

<레미제라블>로 한국 관객들과 영화로도 친숙해진 빅토르 위고의 원작소설에 바탕을 둔 영화 <웃는 남자>가 종영되었다. 우리 영화풍토에서는 다소 낯선 프랑스와 체코의 합작영화다. 19세기를 관통하는 위고의 장편소설이 그러하듯 <웃는 남자>에서도 사회성의 요소가 강하다. 관객들은 남녀 주인공의 사랑이야기에 관심을 보이지만, 그 사랑 역시 시대와 공간의 제약 속에서 의미를 가진다.

약장수 우르수스는 눈보라가 휘몰아치는 어느 날 어린아이를 안고 문을 두드리는 소년의 방문을 받는다. 그의 이름은 그윈플랜. 그런데 그의 입은 잔인하게 찢겨져 있다. 선량한 우르수스의 배려

속에서 그윈플랜과 고아소녀 데아는 나날이 성장하여 서로 사랑하는 사이로 발전한다. 이런 방식으로 서사가 진행되었다면, 그야말로 통속적인 멜로드라마가 되었을 것이다. 하지만 위고의 시선은 남녀의 달착지근한 연애담이 아니다.

사건이 급속히 방향을 바꾸면서 영화는 사회드라마로 전환한다. 느닷없이 클랜찰리 백작 지위를 얻게 된 그윈플랜이 여왕과 상원의원들로 넘쳐나는 의사당에서 그야말로 엄청난 발언을 하기 때문이다. 백성들의 고혈로 배부르고 등이 따신 귀족 권력자들에게 그윈플랜은 준엄하고 신랄하게 경고한다.

자신의 입이 찢어진 것처럼 여왕이 백성들에게 심각한 상해를 가했다고 하며, 그리하여 백성의 권리가 침해되고, 정의와 진리, 이성과 지성이 기형적으로 뒤틀렸다고 말한다. 더 이상 백성들은 참지 않을 것이며, 신하도 시종도 왕도 존재하지 않을 것이라고 경고한다. 언젠가는 가난하고 억압받고 학대받는 백성들이 권력자들과 부자들의 살을 발라먹고, 창자를 끄집어내고, 심장을 물어뜯을 것이라 절규한다.

하지만 <웃는 남자>는 이런 심각한 정치적이고 사회적인 면만 부각되지는 않는다. 대중성을 위한 사랑의 서사와 삼각관계 역시 만만찮은 강도로 부설되어 있기 때문이다. 그럼에도 객석은 활기가 없어 보인다. 21세기 관객들은 치열한 사회-역사드라마에 대개 무관심하다. 여전히 우리는 통속적이고 자극적이며 선정적인 영화나 드라마에 익숙해있는 것이다. 하지만 세상이 빛과 어둠, 낮과 밤, 긍정과 부정으로 이루어져 있는 것처럼 영화와 연극의 세계 역시 적절한 비율로 우리와 만났으면 하는 바람이 적잖다.

영화 포스터는 <배트맨> 시리즈 <다크나이트>에서 히스 레저가 열연하여 화제가 되었던 조커의 배역을 강조한다. 이제는 고인이 된 히스 레저가 광적으로 연기한, 입이 찢어진 조커의 탄생이 <웃는 남자>를 바탕으로 만들어졌다는 점을 강조하는 것이다. 관객의 호응도를 높이기 위한 전술치고는 다소 유치하다.

영화가 지향하는 사회적 서사와 문제의식을 지고지순한 남녀의 사랑과 교묘하게 섞어 짠 면을 부각했으면 어떨까, 생각한다. 심각하게 일그러진 세상에 살면서 그것의 원형과 본질을 외면하지 말고 그 한가운데로 용감하게 걸어가는 관객들의 숫자가 늘어나기를 희망한다.

누구의 딸도 아닌 해원

감독 | 홍상수

주연 | 이선균, 정은채

장르 | 드라마

연도 | 2013

10

사랑의 모순에 대하여!

〈누구의 딸도 아닌 해원〉

제63회 베를린영화제 경쟁부문 초청작 <누구의 딸도 아닌 해원>이 2월 28일 개봉되어 관객과 만나고 있다. 홍상수 영화의 특징이 고스란히 담겨있지만, 아이러니와 촌철살인, 과도한 음주와 잉여의 섹스가 배제되어 있다는 점에서 <누구의 딸도 아닌 해원>은 신선하다. 그러나 지식인, 특히 교수집단에 대한 비난과 상황의 반복, 열려있는 결말은 여전하다.

영화감독이자 강사인 성준은 유부남이다. 그는 영화과 학생 해원을 사랑하고 관계를 맺는다. 아내와 해원 사이에서 방황하는 성준은 사랑의 미로를 헤매면서 갈피를 잡지 못한다. 그는 해원과 잠정적으로 이별하지만, 해원을 잊을 수 없다. 그들이 잠시 헤어진 사이에 해원은 영화과 남학생과 동침하고, 성준은 죽을 만큼 괴로워하고 불같이 화를 낸다.

해원의 엄마와 아빠는 이혼했다. 내일이면 엄마는 아들이 있는 캐나다로 떠난다. 작별을 앞두고 모녀는 처음으로 오랜 시간 같이 지낸다. 식사하고, 길을 걷고 차를 마시며 지난날들과 다가올 날을 예감한다. 해원의 마음은 너무도 쓸쓸하고 아프지만, 엄마는 전혀 그렇지 않다. 캐나다의 새로운 생활로 들떠있는 엄마를 보며 한결 더 외로워지는 해원.

해원이 좋아하는 언니 연주는 7년째 유부남 중식을 남모르게 만나고 있다. 이른바 '불륜관계'를 장기간 맺고 있는 두 사람. 중식은 해원이 성준과 맺고 있는 관계가 마뜩치 않다. 해원이 한국 인들의 영혼과 정신에 어울리지 않는다고 판단하는 그는 그녀가 외국에서 사는 편이 낫다고 생각한다. 자신들의 내면과 관계를 돌아보지 않는 중식과 연주.

미국에서 교수생활을 하고 있다는 중년 사내는 이혼남이다. 우연히 맞닥뜨린 해원에게 과도한 애정공세를 퍼붓는 그는 결혼할 사람으로 해원을 지목한다. 해원은 그런 남자가 싫지 않다. 외려 중년 사내에게서 매력과 중후함을 느끼며 사내의 애정공세에 적극적으로 반응한다. 대체 해원의 정체성은 무엇일까. 그녀의 흉중은 독서하기 어려운 중층구조다.

해원이 성준과 애정행각을 벌이고 있다는 소문이 학교에 나돈다. 그것을 확인하려는 남학생에게 모든 것을 순순히 털어놓는 해원. 성준이 자기중심적이고 우유부단하기에 마음에 들지 않기도 하지만, 그런 성준을 끝내 놓지 못하는 해원. 연주와 중식의 관계에서 자신의 미래를 보기라도 하는 것일까? 해원은 정말 어떤 생각으로 세상을 살아나가는 것일까?

<누구의 딸도 아닌 해원>은 21세기를 살아나가는 한국의 평균적인 인간들에게 몇 가지 문제를 제기한다.

사랑이란 무엇인가. 남자와 여자가 함께 잔다는 것의 본원적인 의미는 무엇인가. 우리가 생각하는 결혼과 실제 전개되는 결혼 내

지 이혼의 실체는 어떠한가. 가족과 가정, 부부와 애인이라는 관계 설정은 얼마나 견고하고 의미 있는가. 자신의 감정에 충실하게 살아간다는 일은 정말로 가치 있고 소중한 일인가.

<누구의 딸도 아닌 해원>은 묵직한 문제를 가볍고 경쾌하게 풀어낸다. 그래서다. 영화가 쉽고 친숙하게 다가오는 까닭이. 또 그래서다. 베를린 영화제 수상을 점쳤던 기자들의 조급증을 질타할 수 있는 까닭이. 세계가 날로 좁아들고, 삶의 조건이 호락호락하지 않은 시점에 새털처럼 가벼운 영화를 호평할 정도로 가벼운 베를린영화제는 아니지 않는가.

* 이 글은 〈대문〉, 2013년 봄호에 실린 글 가운데 일부입니다.

노리개

감독 | 최승호

주연 | 마동석, 이승연, 민지현

장르 | 드라마

연도 | 2013

11

잊혀져버린 장자연을 위하여!

〈노리개〉

글을 시작하면서

"저는 나약하고 힘없는 신인배우입니다. 이 고통에서 벗어나고
싶습니다." (장자연 유서)

2009년 3월 7일 장자연이 분당 자택에서 자살한다. 경찰은 사인
을 단순 우울증으로 추정하고 수사를 마무리한다. 그러나 이튿날
호야스포테인먼트 유장호 대표는 미니홈피에서 장자연이 우울증
으로 자살한 것이 아니며, 장자연 문건이 있음을 밝힌다.

3월 9일 장례식이 끝나고, 3월 10일 일부 언론에 장자연 유서가

보도된다. 3월 13일 한국방송 9시뉴스에 장자연 문건이 보도되기에 이르며, 그 이튿날 경찰은 수사를 재개한다.

<노리개>는 이런 정황을 바탕으로 만들어진 영화다. 본격적으로 영화를 시작하기 전에 최승호 감독은 영화에 등장하는 인물과 사건, 관계와 일시는 사실과 다르며, 허구적으로 재구성되었음을 밝힌다. 영화는 2009년 한국사회를 강타했던 장자연 사건의 실체를 파헤침으로써 영화계에서 회자되는 성상납과 노예문서, 술시중 같은 문제에 접근한다.

영화는 무명에 가까운 신인 여배우가 잘나가는 주연급 배우로 성장해 나가는 과정 가운데 하나에 주목한다. 그것은 소속사 대표

가 원하는 대로 모든 것을 해주는 것이다. 먼저 대표에게 몸을 주고, 작은 일거리를 받고, 권력층을 위한 연회에 불려나가는 것이다. 그런 일은 불시에 일어난다. 그것을 거절하면 출연제안은 생각하기 불가능해진다.

신인 여배우 지희와 노예계약서

정지희는 스물다섯 살인 신인 여배우다. 오빠 하나를 빼면 식구라고는 없다. 고아와 다름없는 그녀는 영화판에서 성공을 꿈꾼다. 그런데 소속사 차대표가 그녀의 몸을 요구한다. 그것을 거절할 수 없는 지희. 문제는 거기서 멈추지 않는다. 소속사를 반석에 올려놓으려고 유력 언론사 회장에게 여배우를 상납하려는 차대표. 그 자리에 동석을 강요받는 지희.

지희와 같은 소속사에 있지만, 다른 처지의 여배우 고다령이 있다. 텔레비전 드라마에도 출연하고 있는 다령은 차 대표가 자랑스럽게 생각하는 유명 배우다. 그녀 역시 권력층과 함께하는 술자리 동석요구를 거절하지 못한다. 배우로서 생명이 끝날 수 있다는 불안감이 그녀를 압박한다. 언론사 회장과 차 대표, 지희와 다령이 술자리를 가진다.

<노리개>는 이런 술자리의 끄트머리가 얼마나 변태적이고 가학적이며 폭력적인지 보여준다. 그와 아울러 배우들 사이의 위계질서와 소속사 대표의 비인간적이며 야만적인 횡포가 어느 수준인지 적나라하게 까발린다. 견디다 못해 소속사를 떠나려 하는 지희에게 차 대표는 대못을 박는다. 계약서를 확인해보자는 것이다. 이른바 노예계약서!

<만일 중간에 소속사를 그만두고자 할 때는 30배의 위약금과 배우를 키우느라 들어간 진행비용 일체를 갚아야 한다.>

"야! 너, 돈 있어?!" 하고 쏘아붙이는 차 대표의 마수를 지희는 벗어날 수 없다. 돈이 없기 때문이다. 돈이 없으면 노예계약서 파기를 주장할 수 없기 때문이다. 세상 어느 누구도 그녀의 주장에 귀를 기울여주지 않기 때문이다. 특수직종에 종사하는 연예인의 비참한 상황에 관심을 가지는 사람이 없기 때문이다.

지희를 둘러싼 인물들

<노리개>에서 영화감독의 시선은 도처에 자리한다. 정의로운 인터넷언론사 기자이자 대표 마동석. 그는 신변의 위협도 불사하면서 정지희 자살사건의 본질을 캐는 데 진력한다. 그와 동지적인 연대의식을 가지고 사건 수사에 임하는 여검사 김미현. 그녀는 지희와 같은 성폭력 피해여성으로 동병상련의 기억을 가지고 불의한

권력자를 잡아넣으려 한다.

　문제는 이들의 힘이 지나치게 미약하다는 것이다. 정직하고 정의롭게 평생을 살아오면서 한국 언론의 발전을 위해 최선을 다했다고 강변하면서 정지희와 아무런 성관계도 없었다고 주장하는 현성봉 회장. 그가 고용한 충실한 하수인이자 베테랑 변호사 윤기남.

　현 회장의 신문사 기자이자 마동석의 친구이며 왕년의 운동권 출신 남성. 그는 언제나 마동석의 주위를 맴돌며 회장의 앞잡이로 모든 것을 다 하는 인물로 그려진다. 어디 그뿐인가. 선고를 며칠 앞두고 완벽하게 변신하는 이성렬 판사. 성실하게 재판을 진행해 왔던 그는 막판에 표변함으로써 한국 사법계의 먹이사슬 구조를 확실하게 보여준다.

　<노리개>는 이 땅에서 진실을 규명하고 상생, 해원하는 일이 얼마나 어려운 노릇인지 웅변적으로 설파한다. 사건 수사와 선고에 결정적인 물증이 될 지희의 일기장이 발견되어 수사검사의 손에 들어간다. 그러나 그것은 사건해결에 아무런 도움도 되지 못한다. 마치 윤기남 변호사가 김미현 검사에게 말했던 내용을 고스란히 입증하는 것처럼 보인다.

　　"이 사건은 이미 판결이 나 있는 사건이야. 증거가 설령 있다 해
도 사건에 아무런 영향을 미치지 못하는 경우도 있고, 증거가 없다
해도 사건에 영향력을 미치는 경우도 있지. 이미 끝난 사건인데 이
제 그만 부드럽게 마무리하지."

〈노리개〉가 던지는 질문

　　윤기남 변호사의 말처럼 사건은 유야무야 마무리되고 만다. 지
희를 건드린 소속사 대표와 영화감독 두 사람은 1년 형을 선고 받
지만, 그것도 2년의 집행유예로 대체된다. 따라서 진짜 배우가 되
고 싶었던 신인 여배우 정지희 혼자만 불귀의 객이 되고 만 것이
다. <노리개>는 이런 귀결로 막을 내리면서 객석에게 몇 가지 문

제점을 던진다.

첫째, 한국사회에 사법적 정의가 존재하는가. 둘째, 유전무죄 무전유죄는 여전히 유효한 법적 판결의 범주인가. 셋째, 부당한 인격모독과 강요된 술자리와 성상납의 피해는 누구에게 책임을 돌려야 하는가. 넷째, 여배우의 자살로 끝난 비극적인 사건에서 한국인들은 어떤 교훈을 얻었는가. 다섯째, 노예계약서는 이제 한국 연예계에서 추방되었는가.

영화에서 암시하는 것처럼 여배우들은 상습적인 폭행, 협박, 성상납, 술자리 시중 등에 시달리고 있다. 그것의 결과는 우울증과 그로 인한 자살이다. 노예계약에 준하는 전속계약을 맺고, 출연을 미끼로 몸을 요구하는 소속사 대표들의 전횡은 어제오늘의 일이 아니다. 하지만 사법당국은 모르쇠로 일관한다. 고소고발이 있어도 외면하는 판국인데, 사정의 칼날을 굳이 들이댈 필요를 느끼지 못하기 때문이다.

성과 관련된 스캔들에 휘말릴 경우 여성 연예인의 생명은 거의 끝난다고 봐야 한다. 각종 비디오 사건으로 한국사회를 떠들썩하게 했던 몇몇 여성 연예인들의 정신적·물질적 고통을 생각해보면 자명해진다. 엄청난 피해자였지만, 대중에게 눈물로 사과해야 했던 가수 B씨를 생각하면 이해가 쉬울 것이다.

"장자연 사건에는 이윤추구에 눈먼 기획사, 타락한 권력층뿐 아니라, 여성 연예인을 소비하고 동시에 심판하는 냉정하고 이중적인 대중이 있었다." (<프레시안>, 2009. 12. 28)

21세기 한국의 대중은 여성 연예인들에게 성적 정숙을 요구하면서, 다른 한편으로는 끊임없이 그들의 성을 갈구하고 소비하는 이중적인 행태를 보이고 있다. 화해할 수 없는 대립적인 양상을 가지는 이중적 행태에 대한 대중의 치열한 자기 성찰이나 반성은 언제나 그랬듯 전무하다. 그들은 선정적인 황색언론에 중독되어 마냥 허우적댈 따름이다.

글을 마치면서 : 다시 생각해보자!

전체 탤런트의 95%인 2000여 명을 대상으로 한 설문조사 결과는 상상 이상이다. 불과 191명이 설문에 응답했는데, 5명 가운데 1명이 본인이나 동료가 성상납을 강요받았다고 진술했다. 접대강요는 63명(34.3%), 금품요구 78명(42.6%), 폭언과 폭행 18명(9.8%), 인격모독 72명(39.3%) 등이었다. 응답자의 62.3%에 달하는 114명이 성상납을 비롯한 부당요구를 거절했다가 캐스팅에 불이익을 당한 경험이 있다고 답변했다.

그 결과 우울증에 걸리거나 자살하는 연예인들의 수는 해마다 늘어난다. 이은주, 정다빈, 최진실 등을 생각해보라. 응답자 가운데 33.3%인 61명이 우울증에 시달리고 있었다. 일반인 평균 우울증 수치 15%의 두 배가 넘는다. 불면증과 대인기피증, 지속적인 불안감을 경험하고 있는 연예인들은 알코올 중독에 빠져드는 경우도 적지 않다고 한다.

> "연예인을 인간이 아니라 상품으로 대하는 엔터테인먼트 산업구조, 젊은 여성과의 교제를 성공의 척도이자 자기과시로 여기는 사회 지도층의 왜곡된 인식, 연예계의 고질적인 문제인 노예계약. 장자연 사건은 이 모든 것이 중첩된 상황에서 발생하였으며, 그것은 한국사회에 던지는 경고의 메시지였다."
>
> (<프레시안>, 2009. 12. 28)

2013년 대중은 누구도 장자연을 기억하지 않는다. 허다한 우울증과 자살사건의 하나로만 치부할 따름이다. 대중이 침묵의 카르텔에 동조하는 순간 무명의 여성 연예인들은 또 다른 장자연이 될 가능성에 몸을 떨어야 한다. 언제나 이런 비극적이고 야만적인 착취와 동조와 침묵의 카르텔을 때려 부수고 인간세상을 만들 수 있을 것인가!

애프터 어스

감독 | M. 나이트 샤말란

주연 | 월 스미스, 제이든 스미스

장르 | M. 나이트 샤말란

연도 | 2013

12

모계중심 사회 아메리카를 전파하는 영화

〈애프터 어스〉

윌 스미스는 한국 관객들에게 친숙하다. 그는 〈핸콕〉과 〈맨인 블랙〉, 〈나는 전설이다〉 등으로 이름값을 톡톡히 했다. 자신의 아들 제이든 스미스와 함께 찍은 〈행복을 찾아서〉(2006)는 콧날 찡한 영화로 기억한다. 제이든 스미스는 성룡이 출연한 쿵푸영화 〈베스트 키드〉와 키아누 리브스의 공상과학영화 〈지구가 멈추는 날〉에서 나름의 연기력을 선보였다.

〈애프터 어스〉에서 이들 부자가 다시 호흡을 맞추고 있어서 화제가 되고 있다.

서기 3072년, 지구가 황폐해져 인류가 살 수 없는 공간으로 변한 시공간이 영화의 배경이다. 지구에 닥친 대재앙의 원인 제공자는 인간이다. 인간이 떠난 지구에는 인간을 대신하여 허다한 생명체들이 서식하게 된다. 그것들의 공통점은 무차별적으로 인간을 공격한다는 점이다. 이곳에 불시착한 아버지와 아들의 이야기가 <애프터 어스>의 기둥 줄거리다.

인류가 지구 대신 찾아낸 행성 노바 프레임의 연합 레인저 부대의 장군 사이퍼 레이지. 그를 뛰어넘는 전사가 되고 싶은 아들 키타이 레이지가 영화에서 종횡무진 활약상을 보인다. 거동이 불편해진 아버지를 대신하여 어려운 과제를 수행해나가는 키타이의 성장과정에 영화는 초점을 맞춘다. 물론 교훈을 제시하고 명령을 내리는 인물은 아버지 사이퍼 장군이다.

    생사의 갈림길에서 왕복 200킬로미터의 공간을 제한된 시간 안에 주파해 과업을 수행해야 한다는 난제. 그러나 나약하고 소심하며 철없는 키타이가 그것을 수행하는 데에는 숱한 난관이 도처에 잠복해있다. 무엇보다도 키타이의 누이를 습격해 생명을 앗아간 우르사(영화에서는 얼사로 돼있다. URSA)의 존재는 끔찍하다.

    아버지가 아들에게 주는 교훈은 단순하다. 공포는 인간의 환상이 만들어낸 실체 없는 공상이라는 것이다. 그러므로 지금과 여기에 최대한 집중하여 현실을 응시하라고 아버지는 주문한다. 환상은 실체가 없지만, 위험은 현실이라고 그는 강조한다. 아버지가 제시하는 수법 역시 단순하다. '무릎을 꿇고' 맞닥뜨린 상황에 완전하게 집중하는 것이다.

아버지를 극복하려는 아들의 육체적인 성장은 그럴 듯하지만, 정신과 영혼의 성장은 아직 멀었다. 거기서 감독이 주목하는 것이 아버지의 경험과 인내심 그리고 지혜다. 이것은 세대에서 세대로 전해지는 가르침의 대물림이다. 그것을 통해서 인간은 문명과 역사와 문화를 만들어온 것이다. 따라서 영화의 주제는 소략하다. 부자간의 소통과 교훈에 근거한 인류 미래의 가능성에 주목하는 것이다. 거기서 핵심적인 요소는 가정과 가족이다.

영화의 마지막 장면은 그래서 지루하고 유치해 보인다. 제국 아메리카를 떠받치고 있는 '가족주의' 이데올로기가 그대로 반영되어 있는 탓이다. "엄마하고 일하고 싶다!"는 아들의 울먹임에 똑같이 반응하는 아버지는 엄마의 또 다른 아들처럼 나약해 보인다. 모계중심의 가족주의 사회 아메리카의 현주소를 적나라하게 까발리는 영화가 <애프터 어스>다.

감시자들

감독 ｜ 조의석, 김병서

주연 ｜ 설경구, 정우성, 한효주

장르 ｜ 범죄, 액션, 스릴러

연도 ｜ 2013

13

감시하는 권력과 감시당하는 시민

〈감시자들〉

글을 시작하면서

"늦게 배운 도둑이 날 새는 줄 모른다!"는 속담이 있다. 나를 두고 하는 소리다. 불혹에 접어들어 자동차 운전을 시작했는데, 고속도로에 오르기 무섭게 쾌속 질주한다. 그러다보니 과속으로 인한 과태료 청구서가 심심찮게 날아든다. 은행 직원은 과태료 청구서를 들고 찾아온 나를 안쓰러운 표정으로 바라본다. 돈이 너무 아깝다는 얘기다.

"괜찮아요. 과태료 안에 교육비도 들어있는데, 그 정도면!······"

요즘은 고속도로든 국도든 지방도든 도로 옆에 숨겨놓은 과속 단속 장비가 적잖다. 예전처럼 하늘에 설치되어 있다면 별문제가 아닌데, 모퉁이 곳곳에 사전 고지도 없이 장비를 은폐시키는 경우가 적잖다. 치사한 생각도 들지만, 엄포용인 경우도 만만찮다. 누군가가 나의 자동차 운전을 아무도 모르는 곳에서 날마다 감시하고 있다는 섬뜩한 느낌!

그런 느낌이 도로 위에서가 아니라 일상생활에서 감촉된다면 당신은 어찌 하겠는가?! 몇 가지 예를 들어보자.

누군가 당신의 일거수일투족을 추적하고 있다면! 당신의 집 전화와 휴대전화가 도청이나 감청을 당하고, 당신이 가는 곳마다 미행이 따라붙는다면 당신 기분은 어떻겠는가?! 당신이 어디서 누구와 만나서 무슨 말을 하고, 어떤 음식을 먹으며 몇 시에 일어나서 잠자리에 드는 시각까지 낱낱이 까발려진다면 당신의 심경은 어떨 것인가!

왜 감시하고 사찰하는가?

영화 <감시자들>의 흥행돌풍이 거세다. 개봉 닷새 만에 180만 관객에 다가섰다. 이것은 1100만 관객을 돌파한 <7번방의 선물>의 초반 관객 동원보다 많은 수치라고 한다. <감시자들>의 흥행이 어디까지 지속될지는 두고 볼 일이다.

영화의 구성은 비교적 단순하다. 지능적인 완전범죄를 시도하는 제임스와 인간적이며 타고난 감각의 소유자인 경찰 감시반의 황반장 사이의 대결이 기둥 줄거리다. 영화는 제임스와 그를 부리는 초로의 사내 그리고 최고의 권력자 수트남의 관계를 내비치지 않는다. 그것은 감독과 관객들의 관심사가 아니기 때문이다.

제임스는 지시가 하달되면 묵묵히 수하를 이끌고 은행을 털거나 압수수색이 예정되어 있는 기업의 기밀문서를 훔치거나 증권거래소의 자료를 탈취한다. 거기에 의문부호나 토를 다는 것은 무의미하고 불가능하다. 그저 지상명령처럼 하달된 지시를 수행하는 일만 남아 있을 뿐이다. 그것은 경찰 특수조직인 감시반에게도 고스란히 적용된다.

감시반은 시민과 기업과 국가를 위해 자신의 안위를 돌보지 않고 감시임무에 혼신의 힘을 다해야 한다. 감시반 조직은 범죄 집단과 마찬가지로 상명하복으로 진행되며, 거기에 반기를 드는 행위는 퇴출과 직결된다. 범죄조직의 무자비함과 경찰조직의 따사로운 인간미 사이의 차별성은 선악의 명백한 선긋기를 통해 객석의 동의를 얻기 위한 장치에 불과하다.

흥미로운 장면 하나. 제임스가 고층건물에서 작전을 지시하다가 맞닥뜨리게 된 망원렌즈! 그것은 관음증 청년의 망원경이다. 경찰만이 아니라 평범한 사람들도 제3자를 들여다보고 있다. 영화는 등장인물의 동선을 따라 빼곡하게 펼쳐진 감시카메라를 추적한다. 감시카메라는 도처에 거미줄처럼 펼쳐져 있고, 누구도 그것으로부터 자유롭지 못하다. 왜 그런가?!

이런 맥락에서 우리는 미국영화 <에너미 오브 스테이트>(1998)를 연상하게 된다. 우연찮게 국회의원 살해 장면이 담긴 비디오테이프를 가지게 된 변호사 딘과 그의 가족의 일상생활이 낱낱이 도청되고 녹화되는 끔찍한 장면을 떠올려 보시라. 감시와 도청과 감청은 더러 국가의 이름으로, 정의의 이름으로, 반공의 이름으로 세상을 횡행한다. 지금까지도!

범죄척결과 인권 사이

경찰과 국정원 내지 검찰은 국가안보와 범죄척결을 빌미로 시민들의 일상을 낱낱이 들여다보고 점검한다. 국가공권력의 권위와 폭력성에 의지해 사정당국은 개인과 시민 내지 시민단체의 일상적인 활동을 하나도 남김없이 감시한다. 권력기관의 모든 관심은 국가기관과 권력층 및 가진 자들의 옹호와 수호에 집중된다.

그런 까닭에 시민의 천부인권과 사생활의 자유는 온전하게 보장받지 못한다. 권력당국이 생각하는 최우선 순위는 국가, 권력자, 재벌 등의 순서이기 때문이다. 예를 들어, 지난 5월에 발생한 대구

여대생 납치살해 사건의 용의자로 지목된 택시기사는 용의자로 몰려 수갑을 찬 채 갖은 고초를 겪어야 했다.

만일 그 택시기사가 유력한 재벌 집안의 아들이었다면, 판검사나 국회의원 혹은 장차관의 자식이었다면 그런 일을 당했을까! 결국 한국사회는 여전히 '유전무죄 무전유죄'가 성립되는 '법 앞의 불평등'이 온존되어 있는 후진국가에 다름 아니다.

그렇지만 <감시자들>에서 경찰은 우리가 사는 사회와 다른 투명하고 청정한 국가의 주인공들이다. 그들은 놀라우리만큼 너그럽고 관대하며 심지어는 정의롭기까지 하다. '햐, 저런 사람들이 정말 한국 경찰이야?!' 혀 차는 소리가 절로 터져 나오는 것이다. 범죄의 수괴로 확인된 제임스를 눈앞에 두고도 감시만 하는 그들의 의연한 자태라니?!

국정원과 정치개입, 경찰의 축소수사!

영화를 보면서 나는 요즘 한국사회를 강타하고 있는 '국정원의 정치개입'과 경찰의 의도적인 '축소수사'를 떠올리지 않을 수 없었다. 국민의 막대한 혈세를 특정인의 대통령 당선을 위해 낭비하고, 그것을 알고도 축소은폐로 사건을 유야무야 덮었던 경찰! 이런 국가기관 내지 사정당국이라니! 과연 그들에게는 국가관이나 시민 개념이 있는 것일까!

그것이 대통령의 권력이든 의회권력이든 모든 권력은 유한하다. 권력은 몇몇 소수집단이나 특정한 개인 내지 정당의 전유물이 되어서는 안 된다. 권력의 독과점은 독재와 전제 내지 전횡의 폐단을 몰고 오기 때문이다. 국가권력은 특히 민족과 국민 나아가 국가 구성원 모두의 이익과 안위를 위해서 작동해야 마땅하다. 지난 대선과정은 그러했던가!

주말마다 전국에서 벌어지는 '시국대회'는 무엇을 말하는가. 온전하게 작용하지 않은, 정당성과 역사성 및 합목적성을 상실한 국가정보기관의 악랄한 국기문란행위는 더 이상 묵과되어서는 안 된다. 아울러 국정원의 부패와 타락과 방종을 인지한 후에도 그것을 축소·은폐하기 급급했던 경찰이 수사권독립 운운하는 것은 시대착오적인 반역행위다.

제2차 세계대전 이후 경제발전과 민주화라는 두 마리 토끼를 다 잡은 지구의 유일한 나라 대한민국의 자랑스러운 전통을 전면 부정하는 국정원과 경찰은 국민적 단죄를 받아야 마땅하다. 몇몇 현재의 권력자들과 다가올 미래권력에 빌붙어 일신의 행복과 복리를 꾀한 그들의 행위는 만천하에 까발려서 단죄되어야 할 것이다.

글을 마치면서

앞으로 얼마나 과속질주를 할 것인지 나는 모른다. 그리하여 얼마나 많은 과태료를 내야 할지도 아직 미지수다. 그러나 한 가지 명백한 사실이 있다. 과태료 딱지가 날아오면 나는 순순히 지갑을 연다. 내가 국가와 맺은 계약을 위반했기에 나의 의무를 다하기 위함이다. 그렇지 않다면 나는 더 이상 한국의 시민이 아니기 때문이다.

그렇다면 국가와 민족을 위해 정보를 수집 분석하고 향후를 대비해야 하는 국정원 본연의 임무를 포기하고 대선에 개입한 국정원은 어떻게 해야 하겠는가. 국정원의 하수인을 자처한 경찰은 또 어떻게 해야 하는가. 이런 사태가 적절한 선에서 징벌되지 않는다면, 같은 범죄행위는 앞으로도 빈번하게 일어날 것이다. 아니라고 장담할 수 있는가?

<감시자들>의 허다한 감시카메라를 우리 국민들이 돌려받아야 한다. 그것은 언론이라는 공기(公器)를 적극적으로 활용하고, 시민 사회단체의 건강한 의식과 활동을 방조하는 데서 출발할 것이다. "절대 권력은 절대적으로 부패한다!"는 명언처럼 단죄되지 않는 패륜적 국기문란 행위는 대한민국의 발전에 치명적인 암초로 작용할 것이다.

한 편의 영화가 던져주는 재미와 안온함에서 깨어나 우리가 날마다 만나는 국가기관, 특히 국정원이나 경찰 내지 검찰 같은 권부와 사정당국의 법적 · 정치적 정당성에 눈을 부릅떠야 한다. 그리하여 우리의 선배들과 동시대인들과 후배들이 피와 땀과 눈물을

흘려가며 쌓아올린 민주주의의 금자탑을 굳건하고 확고하게 지켜
내야 할 것이다.

설국열차

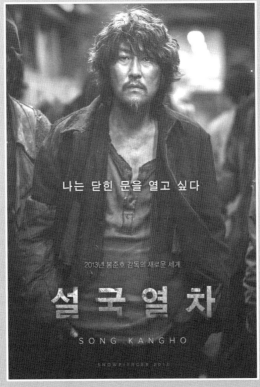

감독 ┃ 봉준호

주연 ┃ 크리스 에반스, 송강호, 에드 해리스

장르 ┃ SF, 액션, 드라마

연도 ┃ 2013

14

무엇을 위한 질주인가?!

〈설국열차〉

글을 시작하면서

1994년 <지리멸렬>로 영화인생을 시작한 봉준호 감독이 <설국열차>로 화제를 불러 모으고 있다. <살인의 추억>(2003)으로 유명세를 타기 시작한 그는 <괴물>(2006)로 1302만의 관객을 모았다. 2009년에는 모성애의 본질적인 양상을 깊고 어둡게 포착한 <마더>로 세간의 이목을 집중시켰다. 올해로 영화인생 20년을 맞이한 그가 선사한 영화 <설국열차>.

봉준호 감독을 기억하는 관객이라면 그의 철저한 고증과 치밀한 세부작업을 높이 평가할 것이다. 당사자는 어떨지 몰라도 '봉테일'이라는 그의 별명은 거기서 발원한다. 요즘 잘 나가는 신예

감독들이 등한시하는 세부묘사와 시공간에 대한 재구성 능력은 봉준호가 당대 으뜸일 것이다. 그것은 영화감독으로서 그가 가진 강점이자 매력이 아닐 수 없다.

'디테일이 무너지면 구조도 무너진다!'는 말이 있다. 아무리 튼튼하고 완벽한 구조를 가졌다 해도, 그것을 구체화하는 개별적인 장면과 연쇄가 치밀한 인과성을 가지도록 하는 것이 디테일이다. 그런 면에서 봉준호 감독은 이창동 감독만큼이나 깐깐하고 정확하기로 호가 나있는 사람이다. 그런데 <설국열차>에서 봉테일의 약화를 지적하는 시선이 적잖다.

이분법의 힘 혹은 단순함

<설국열차>를 이끌어가는 동력은 이분법이다. 인간이 야기한 무차별적인 환경오염으로 새로운 빙하기가 도래한다. 2014년에 시작된 빙하기는 어언 17년 넘게 진행되고 있다. 모든 생물이 절멸한 것처럼 보이는 시공간을 달리는 열차가 있으니, 현대판 '노아의 방주'라 불러도 무방할 것이다. 그런데 열차는 칸칸이 나뉘어져 있고, 탑승객 또한 칸마다 다르다.

여기서 문제가 생겨난다. 선두와 후미, 강자와 약자, 선택받은 자와 그렇지 못한 자의 대립과 갈등이 발생하는 것이다. 영화는 끊임없이 이동하는 열차의 맨 뒤에 있는 꼬리칸의 저항자들이 맨 앞쪽의 선두칸까지 이동하는 과정에서 발생하는 사건들을 추적한다. 그러므로 영화의 시간은 정속으로 이동하며, 공간은 후미에서 선두로 일정하게 운동한다.

단선적인 시간과 단순화된 공간에서 발생하는 사건은 이분법적 대립과 대비로 두드러진다. 이분법은 언제나 그렇듯 강렬하고 선명하다. 나와 너, 우리와 너희, 선과 악처럼 분명하고 명쾌하다. 영화가 전달하는 메시지는 매우 자명해 보이는 듯하다. 그런데 실상은 정반대 양상을 취한다. 이분법에 기초한 사유의 틀이 끝까지 유지되지 않기 때문이다.

길리엄과 윌포드, 그리고 커티스

길리엄은 꼬리칸 사람들의 정신적인 지주이자 대부 같은 사람이다. 인간이 인간됨을 망각하는 결정적인 순간에 자신의 몸을 희생 제물로 내놓음으로써 인간성 상실을 온몸으로 지켜낸 신화적인 인물이 길리엄이다. 길리엄은 꼬리칸 사람들의 저항과 혁명을 지지하면서 새로운 지도자로 커티스를 지목한다. 강력한 의지와 초인적인 힘을 가진 인물 커티스

길리엄이 가장 경계하는 인물은 선두칸의 지배자이자 설국열차의 영원한 엔진의 유일 지도자 윌포드다. 길리엄은 커티스에게 윌포드와 만나면 그와 말을 섞지 말라고 당부한다. 여기서 관객은

커티스와 윌포드의 대면과 대화를 상상하기 시작한다. 꼬리칸의 젊은 혁명 지도자와 선두칸의 원숙한 통치자의 맞대면이 야기할 긴장과 충돌은 어떨 것인가?!

윌포드의 여유로움과 정연한 논리, 길리엄과 윌포드의 관계에 대한 이야기는 커티스를 충격과 고통으로 인도한다. 지극히 적대적이며 폭력적인 커티스를 대하는 윌포드의 넉넉함은 상상을 초월한다. 그는 꼬리칸과 선두칸의 공동운명을 강조한다. 생존이라는 절체절명의 과제를 위해 안정과 조화를 유지해야 한다는 그의 논리는 반박의 여지가 없어 보인다.

그것에 결정적인 힘을 실어주는 이야기가 길리엄과 윌포드의 은폐된 관계다. 단 한시도 멈추지 않고 18년째 질주를 거듭하고 있는 인류의 마지막 희망 설국열차! 그것을 유지하기 위한 원로들의 사유와 실천은 풋내기 지도자 커티스로서는 이해 불가능한 것이 아닐 수 없다. 이런 점에서 <설국열차>는 관객의 집중력을 끝까지 놓치지 않는 매력을 가지고 있다.

인간 불평등과 혁명을 어떻게 볼 것인가!

"유전무죄 무전유죄"라는 기막힌 명제를 남긴 사람이 있었다. 1988년 10월 16일 탈주범 지강헌은 자살을 목전에 둔 시점에서 다음과 같이 항변했다.

"돈 없고 권력 없이는 못 사는 게 이 사회다. 전경환(전두환의 동생이자 권력형 비리의 전형인 파렴치범)의 형량이 나보다 적은 것은 말도 안 된다. 대한민국의 비리를 밝히겠다. 돈이 있으면 판검사도 살 수 있다. 유전무죄 무전유죄, 우리 법이 이렇다."

<설국열차>에서는 이런 논리가 그대로 관철되고 있는 듯하다. 꼬리칸 사람들이 인간 이하의 상황에서 상상하기 어려운 고통과 핍박을 받고 있는 반면에 앞 칸 승객들은 호화판 생활을 누리고 있기 때문이다. 달리는 열차에서 어떻게 저런 생활이 가능한가, 하는 의문이 들 정도로 과도한 사치행각과 잉여의 삶을 멈추지 않는 사람들.

이로부터 불평등의 기원은 무엇이고, 폭력을 수반한 혁명은 필연적이며 정당한가, 하는 문제제기가 가능하다. 현대사회는 20대 80의 사회가 아니라, 1대 99의 사회일지 모른다. 2011년 시작된 "월가를 점령하라!"는 시위는 그것을 극명하게 입증한다. 사상 최대치로 확대된 빈부격차가 불러온 결말이 계급의 충돌이자 새로운 저항과 혁명의 도화선인 셈이다.

인류는 새로운 미래를 열 것인가?!

영화의 결말은 사실 조금 낯설다. 지금까지 익숙해진 봉준호 감독의 결말이 아니기 때문이다. 뭔가 눅눅하고 음습하며 (<살인의 추억>과 <마더>) 찜찜한 구석을 남기는 (<괴물>) 것이 그의 결말이었다. 그런데 <설국열차>의 결말은 상쾌하다 못해 산뜻하다. 아직 때가 묻지 않은 어린 영혼들이 이끌어가게 될 인류의 미래가 어떨 것인지 궁금해진다.

그러하되, 관객은 다시 봉테일의 변심이 궁금하다. 열차 밖으로 나서는 요나의 깨끗한 털외투와 털신발도 그러하고, 다섯 살배기 소년이 걸치고 있는 하얀 외투도 봉준호 상표가 아니다. 마약에 취해 있던 인간군상의 느닷없는 무력시위는 상당히 요령부득이다. 어쩌자고 그들은 계급의 이익에 충실한 구사대원들로 변모했는지, 우리는 알 길이 없다.

그럼에도 나는 영화의 결말에 동의하기로 한다. 질서와 평화, 안정과 공동운명체를 강조하는 최고 지도자도 없고, 불평등으로 인한 혁명 지도자도 없는 세상. 세상의 낮은 곳에 서식하는 인류의 숫자를 인위적으로 조작하는 반인류적인 행태도 사라져버린 세계. 인간의 무분별한 생태계 파괴로 야기된 환경적 재앙으로부터 회복되는 조짐을 보이는 지구.

그런 새로운 환경 조성에 가장 적절한 인간은 누구일까. 대답은 자명하다. 그것은 무위자연을 실천할 수 있는 지극히 제한된 존재다. 순진무구하며 맑고 투명한 어린 영혼의 소유자가 아니면 누구란 말인가! 그리하여 원시 지구의 공동체처럼 모든 계급과 계층과 억압과 불평등과 폭력이 완전하게 소멸된 청정한 지구촌의 재탄생을 상상해보는 것이다.

글을 마치면서

요즘 언론은 <설국열차>가 천만 관객을 동원할 것인지 여부에 촉각을 곤두세우고 있다. 꽤나 오래 전부터 이른바 '노이즈 마케팅' 논란을 부를 정도로 주목 받아온 봉준호 영화에 대한 관심은 일견 당연해 보인다. 그러나 한국영화에 대한 충성도를 애국심의 잣대로 평가하려는 극성팬들과 애국주의에 불타는 언론의 노력은 실망스럽기도 하다.

<설국열차>는 세계 각국의 배우와 인력이 동원된 다국적 성격의 영화다. 영화가 개봉되기도 전에 이미 160개 나라에 팔려나갔다고 하지 않는가! 대규모 관객동원과 손익분기점 내지 국제적인 명성 획득보다 더 의미 있는 일은 영화를 찬찬히 뜯어보고 긍정과 부정의 양자를 심사숙고하는 작업일 것이다. 그런 점에서 언론의 구실이 지나치게 미약하다.

영화의 성패는 영화에 담겨 있는 철학적·인간학적 의미와 인

류의 미래기획, 영화사에 남을만한 특징적인 요소와 감독의 주제의식 등이다. 그런 면에서 어리숙해 보이는 마약쟁이 남궁 민수가 담지하고 있는 구실을 숙고할 필요가 있다. 우여곡절 끝에 꼬리칸에서 선두칸까지 도달한 커티스의 급작스러운 허무와 남궁 민수의 문제제기는 사뭇 대조적이다.

무엇 때문에 그들은 허다한 난관을 극복하면서 이곳 선두칸까지 도달했는가. 그것을 강제한 것은 무엇인가. 그들의 저항과 반역 그리고 최종적인 종착점은 인간 본연의 자유의지와 천부인권을 향한 갈망이었는가. 그리고 마침내 그것에 대한 지향은 충족되었는가. 이런 쟁점을 구체화하고 관객에게 최종적인 답변을 묻는 영화가 봉준호의 <설국열차>다.

언어의 정원

감독 | 신카이 마코토

주연(목소리) | 이리노 미유, 하나자와 카나

장르 | 애니메이션

연도 | 2013

15

초록의 정원에서 만나는 비와 사랑이야기

〈언어의 정원〉

글을 시작하면서

첫사랑은 얼마나 상큼하고 설레는 것인가. 예외가 있기는 하겠지만 세상 모두는 누군가의 첫사랑이었다, 한때는. <메밀꽃 필 무렵>의 허 생원도 예외가 아니어서 물레방앗간에서 말 못할 심정으로 첫사랑을 경험하지 않았던가. 만약 그날 밤의 달콤하고도 가슴 아린 사랑의 추억이 없었다면 그는 그 신산한 오랜 세월을 견뎌낼 수 있었을까?!

<소나기>의 얼굴 까만 소년은 훗날 멋진 사내가 되었을지 모르지만, 소녀의 죽음이 가져다준 아픔을 오래도록 추억했을 것이다. 사랑은 아픔이거나 고독의 상처이거나 혹은 인생의 고달픔을

견디게 해주는 묘약일지도 모른다. 그런 연유로 오늘도 허다한 청춘 남녀들이 사랑에 몸을 던지고 괴로워하고 가쁜 숨을 내쉬고 있는지도 모를 일이다.

<초속 5센티미터>(2007)와 <별을 쫓는 아이>(2011)로 한국 관객에게 친숙한 신카이 마코토 감독의 신작영화 <언어의 정원>이 상영되고 있다. <설국열차>, <더 테러 라이브>, <숨바꼭질>, <감기>가 맹위를 떨치고 있어서 영화관은 조용하다. 감수성 풍부한 여성관객이 압도적으로 자리를 차지하고 있음이 우연은 아닌 듯하다.

비 오는 날의 만남

구두 디자이너가 되려는 고교 1년생 다카오는 비오는 날 아침이면 수업을 쨌다. 그리고 동경 시내 한복판에 있는 신주쿠 공원으로 발걸음을 옮긴다. 호젓한 정자 아래서 비를 피하면서 스케치에 몰두한다. 동북지방에 장마가 시작되면서 그의 오전시간은 공원에서 소진된다. 그러던 어느 날 다카오는 20대 여성 유키노를 만나게 된다.

맥주를 초콜릿과 함께 먹는 유키노 그들은 비오는 날이면 약속이나 한 것처럼 정자에서 대면한다. 만남이 잦아지면 기다리는 마음이 생기는 것은 자명한 이치. 그러면서 상대방에 대한 호기심과

관심 또한 커지기 마련이다. 나이 어린 다카오는 유키노의 질문에
응대한다. 하지만 정작 그는 그녀에게 아무것도 묻지 못한다.

　그것은 일반적인 현상일 터. 감독은 그런 장치를 다카오의 엄마
와 그녀의 애인관계에 부설해 놓았다. 연상인 다카오 엄마가 띠동
갑 사내와 사귀고 있다는 사실이 다카오 형제에게 어떤 부담으로
도 작용하지 않았으니 말이다. 그런 맥락에서 다카오와 유키노가
띠 동갑이라는 사실이 객석에 반감을 야기하지 않음은 자연스런
귀결이다.

사랑, 그 이전의 사랑이야기

사랑이야기를 담되 그 이전의 이야기를 하는 것이 감독의 의도

다. 그것은 사랑이 무엇인지 관객에게 물어보려는 그의 흉중에서 발원한다. 그것을 일어판 영화 포스터에 나와 있는 두 글자 '孤'와 '悲'에서 확인한다. 외로움과 슬픔으로 번역되는 글자다. 외로움과 슬픔이 왜 사랑과 결부되는지 숙고하도록 하는 영화가 <언어의 정원>이다.

엄마는 밖으로 돌고, 형도 애인과 동거할 집으로 이주해버려 홀로 남은 다카오. 그는 자신의 장래희망도 누구에게 말하지 못하는 내성적인 인물이다. 학생들의 의도된 오해와 학부모의 왜곡된 행위로 인해 남다른 소외와 고독 그리고 슬픔을 경험해야 했던 유키노 그들이 각자의 아픔을 감춘 채 서로에게 천천히 다가가는 시퀀스의 연속.

<언어의 정원>은 어찌 보면 단순하고 빤해 보인다. 그렇고 그런 삼류 애정영화처럼 보이기도 한다. 철모르는 고등학생이 막내 이모쯤 되는 여인에게 이끌리는 영화의 장치가 그러하고, 비가 오는 날의 정취도 그러하고 그러하되 그런 면모를 고상하고 아름답게 인도하는 장치가 있었으니, 이름하여 하이쿠와 사촌뻘 되는 '만엽집(萬葉集)'이다.

첫사랑의 유치함을 넘어서는 문학의 힘

"천둥소리가 저 멀리서 들려오고, 구름이 끼고, 비라도 내리지
않을까. 그러면 널 붙잡을 수 있었을 텐데."

유키노가 다카오에게 속삭이듯 들려주는 시 구절이다. 하이쿠보
다는 길지만, 일반적인 서정시보다는 훨씬 단출한 만엽집이다. 유
키노는 이런 시를 빌려 자신의 마음을 간접적으로나마 전달한다.
하지만 다카오는 그것이 무슨 뜻인지 알지 못한다.

"천둥소리가 저 멀리서 들리지 않고, 비가 내리지 않더라도 당
신이 붙잡아 주신다면 나는 여기 머물 겁니다."

시간이 흘러 다카오는 유키노가 읊조리는 시에 답가를 하게 된
다. 그것이 <언어의 정원>에서 감독이 전달하려는 사랑의 근간
이다. 서로 소통할 수 있는 영역에 들어설 때 비로소 가능한 언어
의 저 막강한 위력을 감독은 알고 있는 것이다.

시는 인간 영혼의 응축인 사랑을 표현하는 가장 적절한 형식이
다. 영화의 두 주인공이 이런 형태로 자신의 내면풍경을 소통하는
것은 고답적이지만 깊이 있고 아름다워 보인다. 일회적이고 감각
적이며 얕은 현대의 사랑에 대한 지극한 거부와 미래의 지향점을
과거의 시에서 찾은 것이다. 시와 문학의 힘이다.

'걷는다'는 것의 함의

영화에서 우리가 자주 만나는 표현이 걷는다는 말이다. 어떤 구체적인 대상을 향해 발걸음을 옮기는 행위가 걷는다는 것이다. 그런데 다카오는 다가오는 자신의 미래에 대한 확신 없이 마냥 떠돌고 있다. 정말 자신에게 구두 디자이너의 재능과 소질이 있는지, 앞날의 성취가 얼마나 가능할지 그는 아무런 믿음도 구체적인 기획도 없다.

학교로 출근하려 하지만 유키노는 발걸음을 옮길 수 없다. 언제부터인지 걷는 것에 익숙하지 못한 유키노 그녀가 맞닥뜨리는 문제는 자신감 상실과 대인기피증이다. 세상으로부터 탈진하여 혼자의 공간으로 설정한 공원 모퉁이에서 초콜릿과 맥주를 먹는 유키노 그녀는 누군가를 향해서 무엇인가를 얻기 위해 걷고 싶다.

다카오가 준비하는 구두 스케치와 최초의 구두가 의미하는 바는 자명하다. 그것은 이제 막 걸음을 시작하려는 다카오와 길을 걷다가 걷는 것이 어색해져버린 유키노를 위한 소품이다. 이렇듯 <언어의 정원>은 대단하지도 화려하지도 않은 소품 하나로 인물과 인물의 관계와 내면을 온전하게 전달하는 대단한 작품이다.

치유하는 영화 〈언어의 정원〉

초록이 물결치고 빗방울은 부드럽게 부서지며 춤추고, 멀리 동경 시내의 실루엣이 흐릿하게 빛난다. 바람이 일기 시작하면 비는 바람을 타고 탱고를 추며 하강한다. 작은 동심원들이 그린 듯 물결치고, 사람들은 종종걸음을 서두른다. 줄기차게 쏟아지는 비를 바라보며 두 남녀가 망연자실 서 있는 풍경은 또 어떠한가.

감독이 그려내는 풍광은 우리가 오래도록 잊었던 자연의 존재와 속삭임을 일깨운다. 강렬하지 않지만 운치 있고 차분하게 자연의 모든 것들을 섬세한 필치로 잡아내는 그의 능력은 놀랍기 그지없다. 버드나무의 흔들림과 소금쟁이의 신속함, 이제 막 허물을 벗은 연초록 매미의 우화장면은 얼마나 깊고 아름다운가.

<언어의 정원>은 문학과 회화가 어우러져 사랑의 의미와 진전의 서사가 어떻게 초록공간에서 가능한지 보여준다. 감독은 그들이 힘겹게 전진해나갈 때마다 비와 바람과 풍경이 어떻게 그들의 내면과 상호 조응하는지 잡아낸다. 그리하여 우리에게 사랑의 시작과 끝이 얼마나 의미 있고 소중하며 가치 있는지 일깨운다.

글을 마치면서

영화는 아주 짧다. 여기가 끝이야, 할 정도로 짧은 분량이다. 45분이나 흘렀을까, 마지막 자막이 올라간다. 볼멘소리도 들린다. 그렇지만 대다수 관객은 조용하다. 오래도록 영사막을 지켜보는 관객에게 선물이 준비되어 있다. 일찍 나가는 관객은 그만큼 손해다. 이것을 명심하지 않으면 <언어의 정원>은 흥미가 반감된다.

초록에서 설경으로 전환하는 그 짧은 시퀀스와 감독의 당부는 영화의 재미를 일깨운다. 그런 식으로 감독은 느릿하고도 여유롭게 삶의 한 고비를 넘었거나 이제 막 고개를 넘어가려는 청춘들을 위한 아름다운 사랑이야기를 전달하는 것이다. 그 어린 영혼들 모두에게 위대한 축복이 함께하기를 기원하면서!

바람이 분다

감독 ǀ 미야자키 하야오

주연(목소리) ǀ 안노 히데아키, 타키모토 미오리

장르 ǀ 애니메이션, 드라마

연도 ǀ 2013

16

누가 미야자키 하야오에게 돌을 던질 것인가?!

〈바람이 분다〉

글을 시작하면서

재패니메이션의 선구자이자 대표주자 미야자키 하야오 감독이 은퇴를 공식 선언했다. 벌써 세 번째다. 지난 9월 6일 기자회견에서 "이번에는 정말로 은퇴한다!"고 발표한 것이다. 올해 73세인 미야자키 감독은 10년 정도 더 일하겠다는 의지를 드러냈지만, 그의 장편 애니메이션 영화를 보는 것은 이제 추억여행이 될 것이 분명해졌다.

미야자키 감독은 월트 디즈니에 비견되는 세계적인 애니메이션 감독이다. 1986년 건립한 '스튜디오 지브리'는 일본 애니메이션의 산실이다. 그는 <바람계곡의 나우시카>(1984), <천공의 성 라퓨

타>(1986), <이웃집 토토로>(1988), <붉은 돼지>(1992), <모노노케 히메>(1997), <하울의 움직이는 성>(2004) 같은 불후의 작품을 만들었다.

인간과 자연의 공존을 주장하고, 전쟁과 군국주의를 비판한 그의 반전 평화주의는 세계적인 지지를 얻어냈다. 2003년 <센과 치히로의 행방불명>이 아카데미 장편 애니메이션 수상작으로 선정된다. 미야자키 감독은 '개인적인 사정'을 이유로 시상식에 참석하지 않는다. 훗날 그는 "이라크를 침공한 나라를 방문할 수 없었다."고 술회했다. 반면에 그의 신작 <바람이 분다>는 한국에서 논란거리가 되었다. 그 한가운데로 들어가 보자!

운명처럼 다가온 사랑 혹은 신파?!

<바람이 분다>는 전투기 설계사 호리코시 지로(1903~82)의 삶을 뼈대로 하고, 호리 다쓰오(1904~53)의 소설 속 사랑이야기를 덧대서 만든 작품이다. <붉은 돼지> 정도를 예외로 하면 미야자키 영화에서 남녀의 사랑이 주된 모티프로 작용하는 경우는 거의 없다. 물론 소년소녀의 여린 가슴 떨림이야 도처에서 찾아볼 수 있겠지만.

1923년 9월 초하루 관동대지진이 발생한 그날, 지로는 열차편으로 집에 간다. 객차와 객차 사이에 앉아 책을 읽던 그의 모자가 바

람에 날려간다. 옆 칸 통로에 서 있던 나오코가 지로의 모자를 낚아챈다. 그렇게 그들의 첫 번째 만남은 시작된다.

"잊을 수 없어요. 바람이 당신을 데려온 그 순간을!"

하지만 놀랍고 아름다운 순간의 대면은 지진으로 이내 사라진다. 많은 세월이 흐른 다음, 그들은 바람으로 인해 재회한다. 그러고 보면 <바람이 분다>에서 우리는 다채로운 바람과 만난다. 영화는 폴 발레리의 시 <바람이 분다, 살아야겠다>로 시작한다. 바람과 함께 하늘을 떠도는 종이비행기와 전투기 역시 바람과 뗄 수 없다. 미야자키 영화에서 바람은 언제나 중요한 구실을 하지만, 여기서는 그 강도가 현저하다.

두 사람의 관계는 영화의 서사에서 비중 있게 작용하지 않는다. 첫 만남 이후 긴 세월 잊고 지낸 두 사람은 각자의 길을 따라 살아간다. 지로는 비행기 설계사의 꿈을 이루고자 도이칠란트 데사우로 유학을 다녀온다. 나오코는 그림에 대한 열망을 잊어본 적 없다. 그들이 재회했을 때 나오코의 병세가 심상치 않다. 신과 냄새가 풍긴다.

미야자키가 주목하는 것은?!

<바람이 분다>에서 우리는 성장영화 내지 전기 영화의 형식과 대면한다. 대부분의 미야자키 영화에 등장하는 인물은 성장기의 소년소녀지만, 그들은 제한된 시공간을 살아갈 따름이다. 그들에게서 성장과 변화라는 특징을 찾아보기 어렵다. 이에 반하여 <바람이 분다>에서는 지로의 성장과정에 묵직한 방점이 찍혀 있다.

영화작가는 그것을 역사적인 사건과 결부시킨다. 관동대지진과 세계경제공황, 만주사변과 일제의 동아시아 침략, 제2차 세계대전에 이르는 20여 년 이상의 시간이 영화에서 전개되는 것이다. 세계사적인 의미를 가지는 사건들과 호리코시 지로의 개인사적인 연관을 눈여겨봐야 <바람이 분다>를 온전히 이해할 수 있다.

관동대지진 하면, 우리는 일본의 무차별적이고 야만적인 조선인 학살만행을 떠올린다. 당시에 살해당한 조선인들의 수효는 지금도 정확히 알려져 있지 않다. 일본은 그때나 지금이나 자국의 피해상황에만 관심을 보이고 있다. 영화에서도 조선인 학살문제는 다뤄

지지 않는다. 다만 지진의 규모
와 그것이 야기한 결과를 재현
할 뿐이다.

　이런 점은 영화에서 일관되
게 찾을 수 있다. 반전 평화주
의자 미야자키 하야오를 찾는 노력은 번번이 수포로 돌아간다. 그
의 관심은 아름다운 비행기를 만들겠다는 꿈을 가진 소년 지로가
어떤 성장과정을 거쳐 자신의 열망을 실현해갔는지에 집중된다.
그것을 위해 영화감독은 나오코와 지로의 사랑도 부차적인 기획으
로 미룬 것이다.

우리를 불편하게 하는 것들

　"이토록 많은 일장기를 그린 적이 없다"고 감독 스스로가 고백
한 것처럼 나 또한 이토록 많은 일장기를 본 적이 없다. 그래서일
까, 영화관 분위기는 장마철 풀 먹인 삼베처럼 숙져 있었다. 누구
도 말하지 않았지만 그들도 나처럼 불편한 기색이다. 하늘을 가득
메우고 나는 비행기 동체에 선명하게 그려진 허다한 일장기들!
　더욱이 지로가 근무하는 대기업 미쓰비시는 미쓰이, 기린맥주,
파나소닉 같은 대표적인 전범기업 아닌가. 거기서 지로는 도이칠
란트와 이탈리아에 버금가는 비행기를 만들어내려고 불철주야 애

쓰지 않았던가! 시대와 역사의 향방과 무관하게 비행기 하나만을 위해 분투하는 혼신의 노력이 얼마나 가치 있고 의미 있는지 궁금하다.

"우리는 왜 이렇게 가난한가?"

여러 번 반복되는 지로의 대사다. 도이칠란트 비행기가 탑재한 엄청난 성능과 국가경쟁력을 부러워하던 지로의 흉중을 드러내는 대사다. 그의 내면을 울리던 일본의 가난을 나는 조금도 실감할 수 없었다. 일제에 강점당한 조선과 조선인들의 피폐한 삶, 그리고 만주사변과 중일전쟁으로 산화한 허다한 중국인들의 삶은 어떠했던가?!

여러 차례 험난한 고비를 넘기고 지로가 만들어낸 제로센 전투기가 창공을 날아오를 때 장쾌함과 성취감보다는 불편함과 울화통이 치밀어 오른 것은 내가 식민지 조선을 살았던 선조들의 후예여서 그런가! 요즘 떠들썩하게 인구에 회자되는 교학사의 '지독히 친일적이고 반민족적·반민주적인 역사서술은 또 어떤가?!

미야자키 하야오는 어디 있는가!

영화를 보면서 고인이 된 장진영과 <청연>이 떠올랐다. 2005년 한국사회를 적잖게 흔들었던 한국인 최초 여류비행사 박경원의 일대기를 다룬 영화 <청연>. 박경원은 남녀차별, 식민지 조선인과 본토 일본인의 차별이 없는 창공을 열망했다. 그녀는 국가주의 이데올로기를 맹신하는 무의식적인 '국민'이 아니라, 자신의 꿈과 희망을 관철하려는 근대적 '개인'의 형상으로 등장한다. 그래서 나는 <청연>에 공감했더랬다.

<바람이 분다>에서 감독은 지로의 '꿈'에 초점을 맞춘다. 이탈리아 비행기 설계사 카프로니 백작의 형상은 그래서 중요하다. 지로가 흔들리거나 자신감을 상실하거나 고독으로 괴로워할 때 카프로니는 지로에게 등장한다. 기업이든 국가든 전쟁이든 꿈을 막아서는 모든 것에 굴복하지 말라고 카프로니는 역설한다.

나치에게 쫓기는 도이칠란트 시민 카스트로 역시 주목할 만하

다. 그는 지로에게 모든 것을 잊어버리라고 말한다. 관동대지진도, 세계대공황도, 만주사변도 다 잊으라고 한다. '지금'과 '여기'를 강조하는 나치와 군국주의자들은 반전 평화주의자 카스트로가 두렵다. 과거를 잊고 나아가라는 카스트로가 불량해 보이는 것이다.

글을 마치면서

오로지 아름다운 꿈과 열망을 위해 전진하라! 과거의 슬프고 쓰라린 기억은 전부 던져 버려라! 망각하면서 앞으로 나아가라! 그것이 카스트로의 권고였던 것이다. 그래서 영화는 많은 것을 기억하려 하지 않는다. 그런 까닭에 우리는 오히려 더욱 불편한 것이다. 그럼에도 나는 미야자키 하야오의 생각과 판단을 존중한다.

종군위안부 문제와 일본의 우경화에 대해 그는 명쾌하게 말한 바 있다.

> "위안부 문제, 예전에 청산해야 했습니다. 일본은 한국과 중국에 사죄해야 합니다. 당시 일본정부가 일본인을 귀하게 여기지 않았기 때문에 다른 나라 사람도 귀하게 여기지 않았습니다. (우경화로 치달리는 아베 총리는 곧 교체될 것이기 때문에) 과거사 문제와 관련한 그의 말은 별 게 아니라고 생각합니다."

그토록 많은 일장기를 본 적도 없지만, 그토록 많은 일장기를

단 비행기들이 파멸의 잔해를 이루어 처참한 몰골로 나뒹구는 장면도 나는 보지 못했다. <바람이 분다>를 이분법, 즉 약소국과 강대국, 식민지 조선과 제국주의 일본, 선과 악으로 분별한다면 우리는 많은 것을 놓치게 될 것이다. 나는 오히려 그게 두렵다.

사이비

감독 ㅣ 연상호

주연 (목소리) ㅣ 양익준, 오정세, 권해효

장르 ㅣ 애니메이션, 스릴러

연도 ㅣ 2013

17

한국사회의 집단적 무의식을 고발함

〈사이비〉

글을 시작하면서

2011년 장편 애니메이션 <돼지의 왕>으로 존재감을 드높인 연상호 감독이 신작 <사이비>로 돌아왔다. 지배자인 개와 피지배자인 돼지들의 현저한 이분법에 기초하여 폭력의 악순환을 선명하게 각인했던 <돼지의 왕>. 시간과 더불어 악화일로를 겪는 세상의 치유할 수 없는 숱한 폭력의 연쇄를 섬뜩하게 그려낸 <돼지의 왕>.

<사이비>는 믿음과 진실, 개인과 집단, 세속과 교회 같은 대비를 전면에 배치하고, 그 이면에 내재한 인간과 세상의 본질에 문제를 던진다. 눈앞에서 벌어지는 일상적인 현실을 우리는 어떻게

받아들이는지, 그것은 언제나 진실에 기초하고 있는지, 그 진실이란 것이 언제나 진실인지 등에 대한 문제를 던지는 영화가 <사이비>다.

영화를 보는 동안 한 달 남은 2013년 달력과 한국사회가 머릿속에 아른거렸다. 이런 '기시감'은 대체 어디서 오는 것일까. 아주 명백한 사실관계마저 권력기관의 힘으로 축소되고 은폐되는 세계 최고의 '스마트한' 한국사회의 질곡!

인물설정

수몰예정 지구에 커다란 임시천막이 들어선다. 밤이면 밤마다 붉은 십자가가 유령처럼 빛나고, 사람들이 소리 높여 '주 예수'를 찬양한다. 평온하고 한적한 마을 사람들을 느닷없이 예수의 어린 양으로 만들어낸 장로 최경석. 그가 마을에 들어온 데에는 까닭이 있다. 수몰민들이 받은 거액의 보상금을 가로채기 위함이다.

평생 농투성이로 불행하게 살아온 사람들은 의지할 그 무엇이 절실하다. 수몰이 될 고향을 떠나야 하는 그들의 절박함을 파고든 인물 최경석. 마을 사람들을 천국으로 인도하기 위해 기도원을 세워주겠다고 약속하는 최경석 장로. 신출내기 목사 성철우를 대리인으로 내세워 사이비 이적을 창조해내는 비루한 인간 최경석.

　고약한 사건에 연루된 성철우의 과거도 관객을 매혹한다. 단 하나의 흠집 때문에 거룩한 목자에서 타락자로 전락하는 성철우에게서 느껴지는 비루함 혹은 인간적 연민은 충격적으로 다가온다. 영화의 백미 가운데 하나는 성 목사가 연출하는 영선의 편지 대독일 것이다. 그의 놀라운 변신에 전율하지 않는 관객은 없을 듯하다.

　성철우와 최경석이 천국행 기도원 장사행각을 벌일 즈음 등장한 인물 김민철. 가정폭력을 일삼는 술주정뱅이 김민철. 공장 노동으로 대학등록금을 마련한 딸 영선의 통장마저 털어내 도박하고 술 먹는 개차반 김민철. 아무에게나 욕지거리를 서슴지 않는 야만과 폭력의 화신 김민철. 이런 인물설정과 대결구도를 바탕으로 영화는 진행된다.

대결구도

<사이비>가 흥미로운 점은 일반적인 영화문법을 거스른다는 사실이다. 이분법에 기초한 '권선징악' 구도나 가족주의를 설파하는 할리우드 영화문법을 분쇄하기 때문이다. 영화의 갈등을 인도하여 사건을 추동하는 동력은 김민철에게서 나온다. 그는 모든 인물과 투쟁하고 갈등하며 대결한다. 지독스레 폭력적인 방식으로!

사태의 진실을 깨닫고 허위를 밝혀내려는 김민철에게 마을 사람들뿐 아니라, 객석도 동의하지 않는다. 아내와 딸자식에게 무차별적인 폭력을 휘두르는 술꾼이자 도박자에게 누가 선뜻 동의하겠는가. 여기가 연상호 감독이 허방다리를 부설한 지점이다. 그는 우리와 같은 편에 속한 사람들의 본질을 묻는다.

성철우 목사와 최경석 장로의 대결구도 역시 흥미롭다. 성철우는 기도원 건립을 약속한 최경석을 믿고 온순한 앞잡이처럼 행세한다. 그러나 우연히 알게 된 사기꾼 최경석의 속셈으로 인해 그들 내부의 충돌과 대결은 불가피해진다. 양처럼 순결해 보이는 성철우의 어둑한 과거를 들춰쥐고 마구 흔들어대는 최경석.

이런 대결양상은 영선과 최경석의 관계, 신도들과 성철우의 관계처럼 영화 곳곳에 설치되어 있다. 호감 가는 인물은 하나도 없다. '운명'과 '신앙' 사이에서 무너지는 영선도 예외가 아니다. 아버지의 마수에서 벗어나 장로와 목사의 품에서 갱생을 꿈꾸는 영선의 타락은 중심을 잃은 인간의 최후를 보여주기에 손색없다.

집단적 무의식과 깨어있는 개인

"이 사람을 아십니까?"
"모릅니다. 처음 보는 얼굴입니다."

최경석을 둘러싼 경찰관과 성철우의 대화 장면이다. 성철우 부근에 있던 마을 사람들 역시 목사 편에 선다. 그들을 바라보며 울화통을 터뜨리는 김민철. 이들에게 온전한 정신이 붙어 있기라도 한 것일까. 자신의 말을 누구 한 사람 믿어주지 않는 기막힌 현실 앞에 억장이 무너지는 김민철. 그 순간 그의 입에서 쌍욕이 터져 나온다.

<사이비>에서 김민철은 홀로 깨어있지만 그는 마을사람 누구에게도 인정받지 못한다. 그가 살아온 날들의 총화에 대한 응분의 결과다. 이것이 나는 불편했다. 최경석을 확인하는 것과 김민철에 대한 평가는 별개다. 그럼에도 그들은 하나같이 침묵하고 부인한다. 사기꾼을 덮어주는 인간들의 집단적 무의식이 뼈에 사무친다.

왜 그들은 진실을 외면하는 것일까. 왜곡된 집단 심리의 기저에 놓여있는 것은 무엇일까. 거짓말하는 성철우에 동조하는 사람들의 믿음의 근거는 기독교인들의 동류의식이다. '우리가 남이가?!'라는 명제는 수몰지역에도 똬리를 튼 것이다. <사이비>는 집단무의식에 사로잡힌 한국사회와 한국인을 적나라하게 까발린다.

가짜와 사이비 사이에서

<사이비>의 영어제목은 <The Fake(가짜)>다. 영화 광고전단 문구도 그러하다.

　　"당신이 믿는 것은 진짜입니까?"

가짜는 문자 그대로 진짜가 아닌 것을 의미한다. 하지만 사이비 (似而非)의 뜻은 다르다. 그럴 듯하지만 진짜가 아닌 것을 의미하기 때문이다. 가짜보다 훨씬 더 위험하고 악랄한 것이 사이비다. 그래서 기성종단이나 교과의 공인을 받지 못한 종교를 수식하는 어휘로 가짜가 아니라, 사이비가 사용되는 것이다.

가짜와 진짜 사이에 자리하는 사이비의 폐해는 녹록치 않다. 진짜와 가짜의 진위여부가 가려지면 사태는 명쾌하게 종결된다. 하지만 사이비는 양자에 걸쳐있기 때문에 진위여부 식별도 어렵거니와, 설령 본질이 규명된다 해도 그것을 척결하기 어렵다. 사이비를 신봉하는 세력이 존재한다면 문제는 더욱 복잡해진다.

21세기 대명천지에 사이비가 기생할 수 있는 조건은 우리에게서 나온다. 모든 것이 서로 얽혀있는 것이 세상과 인생사고 보면 인과관계에서 자유로운 개인과 집단은 없다. 김민철에 대한 불신과 성철우를 향한 메시아적 숭배, 최경석에 대한 신뢰에는 인과성이 있다. 그 인과성의 균열에서 우리는 사이비와 진실을 가늠한다.

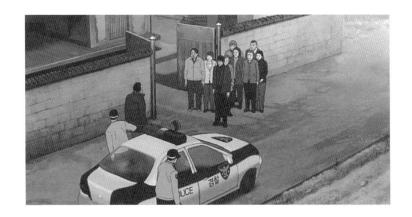

글을 마치면서

영화는 시종일관 소란스럽고 광포하며 잔인하고 강렬하다. 음악은 고막을 찢고, 폭력적인 언사와 칼부림은 동공을 자극한다. 사람들의 야만성과 맹목성은 지난날의 미망에 사로잡힌 21세기 한국 사회의 어두운 이면을 속속들이 드러낸다.

치료약 대신 '생명수'를 달라는 암 환자. 지상의 불행을 끝내고 천국을 꿈꾸는 정신질환자. 신의 종복이 되기에는 너무 심약하여 악마가 되어가는 성철우와 그를 따르는 대중. 비루한 현실과 맞서지 못하고 야화로 꺾어지는 스무 살 청춘.

동굴에서 홀로 통성 기도하는 민철의 개심은 역설적이다. 늙고

외로운 인간이 최후로 기댈 언덕이 자신이 부정한 기독교라니?!
<금강경>의 가르침이 들린다. "범소유상 개시허망!" (모든 것은
상을 가지고 있지만 그것은 모두 허망하기 이를 데 없다!)

　2012년 대선에 개입한 국정원과 경찰 같은 국가기관의 국기문
란과 민주주의의 위기를 우려하는 목소리가 드높다. 다른 한편에
서는 그들을 억압하는 '종북몰이'가 보수신문과 종편에서 끝없이
진행 중이다. 출구는 정녕 없단 말인가?!

변호인

감독 | 양우석

주연 | 송강호, 김영애, 오달수, 곽도원, 임시완

장르 | 드라마

연도 | 2013

18

대한민국은 정녕 민주 공화국인가?!

〈변호인〉

글을 시작하면서

양우석 신인감독의 처녀작 <변호인>이 흥행돌풍을 불러일으
키고 있다. 개봉 닷새 만에 200만 관객을 돌파했다. 영화관 성수기
인 12월에 800개 화면을 점유한 <변호인>은 높은 예매율과 좌석
점유율을 보여 흥행가도는 당분간 지속될 것 같다. 경쟁작인 <호
빗>, <어바웃 타임>, <집으로 가는 길> 등을 여유 있게 따돌리
고 있다.

일요일 오전 대구의 영화관은 <변호인>을 보러 온 관객으로
빼곡하게 들어찼다. 화면 앞쪽 좌우의 몇몇 빈자리를 빼놓으면 공
석은 보이지 않았다. 평소 요란스럽게 팝콘을 씹어대고 옆 사람과

떠들며 콜라를 홀쩍거리던 관객도 없었다. 두 시간이 넘는 상영시간이 그다지 길지 않게 느껴지는 것은 비단 나만의 소회는 아닌 듯하다.

일부 관객은 스마트폰으로 딴짓을 했지만, 그것은 제한적인 일탈이었을 뿐! 영화를 보는 동안 궁금했다. '노무현만 생각하면 울화가 치민다는 대구 사람들이 왜 이리 영화관을 채운 것일까?! 왜 저들은 저토록 영화에 몰입하고 있는 것일까? 그토록 자주 얘기되는 '빨갱이' 소리에 왜 저들은 아무렇지도 않게 반응하는 것일까?'

고졸과 스카이

사법고시가 신분의 수직상승을 가능케 하는 전가의 보도였던 1970년대. 돈도 빽도 가방끈도 없는 인간 송우석. 아내의 출산비용이 없어서 고시용 서책마저 팔아넘겨야 했던 가난한 사내 송우석. 그런 송우석의 인간적인 면모를 하나하나 들춰내는 영화가 <변호인>이다. 크고 작은 모자이크로 송우석의 면면이 레고처럼 차곡차곡 맞춰진다.

<변호인>의 설득력은 그런 정황을 설명하거나 납득시키려 하지 않는다는 점에 있다. 영화장르 속성에 맞춰 간결하게 보여주고 지나가는 것이다. 판단은 객석의 몫이라는 자신감이 양우석 감독에게 드러난다. 영화가 설명하고 주장하면 이미 절반은 실패한 것

이므로. 제시만 하고 판단은 관객에게 넘기는 슬기로운 감독!

영화의 시간대는 <응답하라 1994>보다 16년 앞선 1978년으로 거슬러 올라간다. 부마항쟁과 10·26, 12·12 사태로 한국 현대사가 소용돌이쳤던 놀라운 사건들의 전야! 가방끈 짧은 송우석 변호사가 판사직 때려치우고 부산으로 낙향한다. 그가 서울에서 경험한 것은 이른바 스카이 출신 판사들의 우쭐함과 고졸자의 열패감이었다.

호사한 식당에서 변호사 몇 사람이 송우석을 앞에 두고 그의 돈벌이를 비난한다. 부동산등기로 변호사 품위를 떨어뜨린 인간. 4년제 대학을 온전히 졸업하지 못한 고졸 변호사. 사법정의라는 것은 도무지 생각도 못하는 열등한 인간. 그런 비난이 송우석의 면전에서 고스란히 진행된다. 간단히 자리를 터는 송우석! 그의 반응은 거기까지.

변호사 송우석과 변호인 송우석

어째서 변호사가 부동산등기 같은 '잡스런 업무'를 시작하게 됐는가, 하는 물음이 가능하다. 법을 모르는 시민들의 주머니를 터는 사법서사들의 횡포를 줄이고, 돈벌이가 쏠쏠한 등기업무를 시작한 송우석 변호사. 질리도록 경험한 가난이 지긋지긋한 그는 돈에 대한 원풀이를 하듯 돈을 지향한다. 세금전문변호사로 재탄생하는 송우석.

만일 그가 거기 머물렀다면 그는 지금도 어마어마한 돈방석에 앉아서 배부르고 등 따습게 겨울을 나고 있을 터. 우리는 송우석 변호사를 전혀 기억하지 못한 채 팍팍하고 숨 막히는 2013년을 살아갔을 터다. 바야흐로 1980년 5월 광주항쟁을 시작으로 민주화운동이 격렬해지면서 송변의 인생도 근본적인 변화에 직면한다.

<변호인>은 그 지점을 집요하게 물고 늘어진다. 왜 송우석은 변호사가 아니라 변호인이 되었는지 끈질기게 묻는다. 그것은 오늘날까지 '부림사건'으로 인구에 회자되는 '국가보안법' 위반사건이자 '시국사건'이었다. 대학생들의 데모나 세상 돌아가는 문제에

관심 갖지 않았던 송우석을 급속하게 전변시킨 인권유린사건.

인상적인 장면 하나. 국밥집에서 송우석이 저녁을 먹는다. 주머니에는 돈이 있다. 잠시 주인이 자리를 비운 사이 그는 도주한다. 그를 올려다보는 어린 진우의 눈망울! 짧은 순간 송우석의 떨리는 흉중이 손에 잡힐 듯하다. 훗날 '부림사건'으로 성사된 국보법 피의자 진우와 변호인 송우석의 대면은 그래서 가슴을 저민다.

절대 포기하지 않는다!

전두환을 필두로 한 신군부가 민주화세력을 탄압하려고 학생운동단체를 반국가단체로 몰아 처벌한 사건이 '학림사건'이다. <변

호인>에는 1981년 9월 검찰과 경찰이 부산에서 꾸며낸 '부림사건'과 만난다. '부림사건'은 부산의 학림사건이란 의미다. 당시 부산지검 공안 책임자로 있던 검사 최병국(전 한나라당 의원)이 지휘했다.

'부림사건'은 독서모임을 하던 학생과 교사, 회사원 등 22명을 영장 없이 체포해 불법 감금하고 고문해 '국보법' 위반으로 기소한 사건이다. 영화는 이 지점부터 중도포기를 모르는 변호인 송우석의 좌충우돌을 낱낱이 보여준다. 우리가 알고 있는 인간 노무현의 저돌적이고 지사적인 풍모가 약여하게 그려지는 것이다.

12·12. 군사반란과 5·18 민주화운동 진압, 서슬 퍼렇던 삼청교육대 등으로 신군부의 칼날이 국민의 일상 깊숙이 찔러오던 1981년 9월. 누구도 '부림사건' 변호를 맡으려 하지 않았던 엄혹한 공안정국의 나날에서 송우석은 분연히 일어선다. 지금껏 알지 못했던 대한민국의 실상과 대학생들의 데모, 정치현실에 눈을 뜬 것이다.

영화에서 감동적인 대목은 여럿 있지만, 차동영 경감과 송우석이 정면충돌하는 장면은 압권이다. "국가가 무엇이며, 국가보안법이 무엇인지 알고나 있는지", 하며 안하무인격으로 변호인을 무시하는 차동영. 권력자에 기생해서 국민을 빨갱이로 조작해내는 고문 기술자이자 기생충 차동영 경감. 그에게 송우석은 일갈한다.

"대한민국 헌법 제1조 2항, 모든 권력은 국민에게서 나온다. 국민이 곧 국가다!"

계란이 바위를 넘을 것인가

동료 변호인의 주장처럼 송우석이 피의자들의 형량에 동의하면서 넘어갔다면 '부림사건'은 어찌 되었을까?! 고문과 불법구금 및 가족접견마저 박탈당한 채 인권유린 현장을 눈감았다면 어찌 되었을까?! 영화를 보는 동안 남영동 '대공분실'에서 죽어간 박종철과 모진 고문에도 굴하지 않았던 김근태 민청련의장이 떠올랐다.

부산공대 1학년에 재학하면서 독서모임에 나가던 진우와 송우석이 학생데모를 놓고 논쟁한다. 데모 몇 번 한다고 뒤집어질 만큼 세상은 말랑말랑하지 않다는 송변에게 국밥집 청년 진우가 뜻밖에 놀라운 말을 남긴다.

"계란으로 바위치기라고 하셨죠! 바위가 아무리 단단해도 바위는 죽은 것이고, 살아있는 계란은 바위를 넘어 병아리가 됩니다."

쓰라린 가난의 경험과 얄팍한 지식으로 세상과 역사를 재단했던 송우석에게 가해진 불의의 일격. 어쩌면 그런 우연한 계기가 변호사 송우석을 시대와 역사와 민중의 대변자이자 인권변호사로 인도했는지 모른다. 어차피 지식인은 주변의 사소한 일상에서도 끊임없이 배우고 깨달으면서 주어진 역사적 책무에 충실해야 하기에!

글을 마치면서

영화관을 채운 인파는 중학생부터 칠순 노인에 이르기까지 다채로웠다. 자리에 앉기 전에 나는 일부러 큰소리로 뇌까렸다. "지긋지긋한 노무현이를 뭐 하러 보러 오셨을까?" 아직도 그게 참 궁금하다. 얼마나 많은 '노무현들'이 있어야 세상은 변하는 걸까?! 얼마나 많은 고졸자들의 눈물이 있어야 '스카이들'이 몸과 말을 낮출 것인가!

  고졸자를 우대하겠다던 정책에 따라 특성화된 고교 졸업자들이 갈 곳 없다는 뉴스가 나온다. 같은 당 정부인데 정책이 또 바뀐 것이다. 압수수색 영장도 없이 민주노총 본부를 급습하는 경찰과 그 배후에 있는 청와대와 권력집단의 뇌와 혈관에는 무엇이 흐르고 있는가?! 민영화가 좋다면 청와대부터 민영화하면 어떨까?!

  "국민만 보고 가겠다!"면서 국민과 전쟁을 선포하는 저 배짱과 근성은 어디서 발원하는 것일까?! 그들 눈에는 국민이 아니라, 궁민(窮民)만 보이는 것일까?! 철도도 병원도 민영화·영리화해서 남는 이익은 누굴 주려는 것일까? 정녕 나의 조국 대한민국은 모든 이의 입에 쌀이 들어가는 나라(共和國)가 아직도 아닌 것일까?

19

천만관객 앞둔 〈변호인〉, 그 흥행요인은?!

〈변호인〉

글을 시작하면서

영화를 보면서 '이건 심하군!' 하는 생각이 들 때가 있다. 영화라고 하지만 그래도 삶에 기초하고 있다면 지켜야 할 것은 지켜야 설득력이 있으니 말이다. 1280만 관객을 모은 〈7번방의 선물〉을 보았을 때 몰입이 어려웠다. 공상과학영화나 중국 무협영화가 아닌 담에야 상상력도 유만부동이지, 하는 생각 때문이었다.

대한민국의 난다 긴다 하는 검찰과 경찰이 총동원되어 일주일 동안 수사했음에도 경찰총수 딸의 살해범을 밝혀내지 못한다. 그런데 교도소 잡범들이 불과 한나절 만에 예승이 아빠가 범인이 아니라는 사실을 알아낸다. 허망하다 못해 안타까운 줄거리에 망연자실해져서 남들 다 흘리는 눈물 콧물도 나는 잊어버렸다.

법정영화로 유명세를 탄 <부러진 화살>도 마찬가지다. 검찰과 변호인 측의 대결과 사실관계 확인에 기초하지 않은 영화의 허망함 때문이다. 내가 <변호인>에 대해 다시 생각해보고자 하는 까닭은 거기 있다. '컬트'처럼 호오가 분명한 인간 노무현을 다룬 영화가 천만관객을 향해 순항하는 이유를 돌아보고자 한다.

사법고시와 성공신화

'개천에서 용 난다!'는 속담이 있다. 비천한 가문에서 뛰어난 자식이 생겨나서 일거에 가문을 일으키고, 조상마저 영광스러운 자리에 올려놓는다는 기막힌 신화. <변호인>의 첫 번째 호소력은 여기 있는 듯하다. 돈 없어서 인문계 고등학교를 가지 못한 상고 출신 변호사 이야기는 누구에게나 언제나 흥미로운 이야깃거리다.

그런데 <변호인>의 송우석은 애당초 변호사가 아니었다. 대전 지법 판사였던 그는 '스카이' 출신자들을 견디지 못하고 판사직을 때려치운다. 사법고시를 통과해도 2년 동안 사법연수원에서 교육을 받아야 한다. 졸업성적이 좋아야 판사나 검사에 임용될 수 있으며, 성적이 좋은 졸업생이 곧바로 변호사가 되는 것은 예외다.

1980년대 산업화시대의 마지막 터널을 통과하면서 한국에서 이런 성공신화는 끝장난다. 개천에는 토룡(지렁이)들만 득시글거린다.

신분은 고착화되었고, 신분의 수직상승이 가능했던 시절은 영원히 옛이야기가 되고 만 것이다. 서울과 지방의 격차가 커지고, 서울마저 강남과 강북으로 나뉘는 계급분화가 심화된 탓이다.

이제는 꿈꾸기도 어려운 '전설 같은' 성공신화에 대중은 환호한다. 대중은 자신이 갖지 못한 신화적 요소에 열광한다. 영웅과 영웅성의 상실로 규정되는 21세기에도 대중은 여전히 허망한 꿈을 꾼다. 1대 99의 사회에서 99에 속하는 하층민 출신의 영웅이 도래하기를 한국의 대중은 암묵적으로 열망하고 있는 것이다.

가정에 충실한 가장과 가족주의

<변호인>에서 송우석은 헌신적이고 자상한 가장이다. 출산비용을 감당 못할 정도로 가난한 송우석이 공사판에서 일당 받아 병원으로 달려가는 장면은 시큰하다. 거기서 마주친 장모의 병원비 대납은 그를 얼마나 격동시켰을 것인가! 영화는 여기서 그의 확장된 가족을 보여준다. 그의 가족은 언제나 넷으로 국한된다.

영화를 보러 온 가족단위를 유심히 들여다보면 그것을 명백히 확인할 수 있다. '15세 이상 관람가'라 하지만 초등학생들의 목소리가 드높다. 시부모와 장인장모가 실종된 2014년 가정 풍속도는 영화관에서도 확연하다. 한국의 가족 혹은 가족주의 안에 대가족의 범주나 개념은 없다. <변호인>은 그것을 정확히 짚어낸다.

송우석은 시세보다 500만원이나 더 주고 아파트를 구입하려고
한다. 집주인 얼굴이 환해지고, 계약은 성사된다. 그것은 막노동하
면서 생계를 꾸리고 사법시험을 준비했던 시절에 그가 손수 쌓아
만든 아파트였다. 아파트 벽에 적힌 글귀를 보자.

'절대 포기하지 않는다!'

버틸 수 없을 만큼 밀린 송우석은 끝내 포기하지 않는다. 그의
뒤를 든든하게 받친 아내와 이제 막 세상에 태어난 아이가 있었기
때문이다. 그들을 위해서도 그는 절대로 포기할 수 없었던 것이다.
그가 존재하는 의미이자 버팀목이었던 가족이 영화에서 그렇게 절

실하게 표현된다. 여기서 아내들의 눈시울이 뜨거워진다.

너무나 솔직하고 너무나 서민적인!

<변호인>의 흥미로운 장면 하나가 국밥집 여주인과 송우석이 대면하는 것이리라. 그는 아내와 아이들을 데리고 최순애의 국밥집에 간다. 그가 말한다.

"내 여서 밥 먹고 도망간 놈입니다. 7년 전에…"

순애는 그를 알아보지 못한다. 그녀의 어린 아들 진우가 그를 기억해낸다. 안주머니에서 노란 봉투를 꺼내는 우석. 그러나 순애의 말은 뜻밖이다.

"묵은 외상값은 돈 말고 발로 갚아야지!"

관객은 오래도록 망각했던 한국사회의 본래적인 순수성과 순박함을 확인한다. 가난한 수험생과 인정 많은 밥집주인의 따뜻한 해후가 전달하는 전형적인 최루장면. <변호인>은 감동적인 분위기를 최고조로 끌어올린다. 그리고 묻는다.

"어떻습니까, 관객 여러분? 볼만하십니까?"

저돌적인 진격의 거인

대학생들의 데모를 둘러싸고 송우석과 진우가 벌이는 논쟁은 흥미롭다. 1980년대를 살아간 동시대인들이라면 누구나 한두 번쯤은 경험해봤을 법한 논쟁이 아니던가. 시간과 돈이 넘쳐나서 할 일 없는 학생들이 데모한다는 송우석의 주장과 그것을 논박하는 진우의 불꽃 튀는 대결. 송우석의 대사가 가슴을 푹 찔러온다.

"학생데모로 뒤집어질 정도로 세상은 절대 말랑말랑하지 않아!"

　　그랬던 송우석이 우연히 한국사회의 치열한 모순 한가운데로 휩쓸려 들어간다. 진우가 '부림사건'에 연루되어 행방이 묘연해진 것이다. <변호인>은 이 지점에서 성공신화의 주인공이 될 수도 있었던 변호사 송우석과 시국사건 변호인 송우석을 병렬적으로 보여준다. 그의 선택지점을 확연한 대비로 각인하는 양우석 감독.

　　국보법 사건으로 한탕하려 했던 관제검사와 일대일로 맞장 뜨는 변호인 송우석. 그는 옳다고 생각하는 것을 향해 절대로 물러서지 않는 '진격의 거인'을 실연한다. 암울한 시대와 정면 대결하면서 자신의 주장을 한 치의 흐트러짐도 없이 관철해나가는 정의로운 인간 송우석의 위대한 승리가 관객의 가슴을 치는 것이다.

글을 마치면서 : '정치인' 노무현은 없다!

　　<변호인>에서 지켜볼 것은 정치인 노무현의 부재다. 만일 정치인 노무현이 영화에 등장했다면 어땠을까?! 전두환 일당에게 명패를 던지고, 부산시장에서 내리 낙선하고서도 굴하지 않았던 노무현이 나왔다면 영화는 어떻게 됐을까! 혹은 2002년 대선에서 승

리하고 얼마 안 돼서 탄핵된 노무현 대통령이 등장했다면?!

양우석 감독은 영리하다. <변호인>은 정치인 노무현이 등장하기 직전 막을 내린다. 선이 굵고 분명한 한국인들에게 노무현은 애증이 교차하는 인물이다. 반쪽의 완전한 지지와 또 다른 반쪽의 완벽한 외면의 경계지점에 그는 있다. 하지만 영화는 어느 한쪽을 선택하지 않는다. 있는 그대로의 인간 노무현을 보여줄 따름이다.

동양고전 <채근담>에 다음과 같은 구절이 있다.

'맹수를 길들이기는 쉽지만, 사람의 마음을 굴복시키기는 어렵고, 골짜기를 메우기는 쉬우나, 사람을 만족시키기는 어렵다. 猛獸易伏 人心難降 谿壑易滿 人心難滿.'

갑오년 벽두 한국사회에 난무하는 증오와 대결과 불화와 불통이 두렵다. <채근담>이 이른 것처럼 사람의 마음을 얻기란 어려운 일이다. 그래서 우리는 <변호인>을 보면서 과거를 성찰하고, 오늘을 돌이키며, 다가올 날을 기획하는 지도 모른다. 인간 노무현의 길을 떠올리면서 오늘의 난국을 극복할 슬기로움을 생각해보는 것이다.

2014년에 내가 본 영화

그렇게 아버지가 된다

감독 ㅣ 고레에다 히로카즈

주연 ㅣ 후쿠야마 마사하루, 오노 마치코, 마키 요코

장르 ㅣ 드라마, 가족

연도 ㅣ 2013

01

당신 아이가 친자식이 아니라면?!

〈그렇게 아버지가 된다〉

고레에다 히로카즈 감독의 <그렇게 아버지가 된다>가 개봉 39
일 만에 10만 관객을 돌파했다. 40개도 안 되는 상영관에서 개봉
한 영화가 10만 관객을 돌파한 것은 지난해 7월 개봉되어 10만 8
천 관객을 모은 <마지막 4중주> 이후 4개월 만이다.

<그렇게 아버지가 된다>는 2013년 '칸영화제' 심사위원상을
받고, 세계 언론과 비평가들에게 호평을 받은 화제작이다. <그렇
게 아버지가 된다>는 아이를 낳고 6년 세월이 흐른 시점에 그 아
이가 친자식이 아니라는 설정에 바탕을 두고 있다. 신파 혹은 막
장의 전형이 아닐 수 없다. 그런데 소리도 없이 관객이 몰리고 있
다. 왜 그럴까?!

신파 혹은 막장?!

당신 같으면 어떻게 하겠는가. 만 여섯 살 된 아이가 친자식이 아니라면, 그리고 바뀐 아이의 부모와 거주지를 안다면 어찌 할 텐가?! 영화는 이런 문제부터 제기한다. 우리에게 선택할 기회와 판단할 근거를 제공하고, 우리의 사유와 인식을 확장해 나간다. 이른바 낳은 정이냐, 기른 정이냐, 하는 한국식 '막장드라마'는 여기 없다.

아이들을 뒤바꾼 병원 관계자도 실토하고 있듯이 이런 상황은 21세기 대명천지에 매우 후진적이다. 그것은 일본이 선진 문턱 언저리를 헤매고 있던 1960~70년대에나 가능했던 일이다. 영화감독은 상당히 자상한 인물이다. 그런 사태의 배후를 낱낱이 알려주기 때문이다. 일반 관객에게는 생소한 전개가 아닐 수 없다.

그것 역시 영화의 질료 가운데 하나일 터. 동경의 번듯한 산부인과가 아니라, 시골에 있는 허름한 병원에서 일하는 간호사의 질투 내지 분노에서 촉발된 아이 바꾸기는 21세기 일본사회의 병적인 면모를 보여준다. 나는 행복하지 못한데, 왜 당신들은 그토록 행복한가. 왜 세상은 공평하지 못한가. 당신들도 쓴맛을 보라!

<그렇게 아버지가 된다>는 스릴러도 추리물도 아니다. 영화의 인물들이 대단한 영웅도 아니다. 그럼에도 영화는 상당한 감동과 오랜 울림을 전달한다. 그것은 영화의 인물들에게 담겨진 순수함과 선함 내지 솔직함 같은 것에서 기인하는 듯하다. 복잡하거나 꾸미거나 속이지 않는 인간들의 때 묻지 않은 담백함이랄까?!

아빠와 엄마, 어떻게 다른가?!

아이가 바뀌었다는 전갈을 받고 난 다음 아빠와 엄마의 반응은 사뭇 다르다. 영화는 그것을 차분하고 섬세하게 포착하여 설득력 있게 제시한다. 료타는 일류 건축회사의 엘리트 사원이다. 명문대학 출신에 훤칠한 외모를 가진 출세 지향적이고 실패를 모르는 인물이다. 케이타가 친자식이 아니란 사실을 들은 그의 첫마디!

"역시 그랬구나!"

케이타는 료타와 많이 다르다. 타고난 재능도 없고, 실패에 대한 부끄러움이나 성공을 향한 갈망도 부재한다. 그런 케이타를 보면서 아들에게 무엇인가 2% 이상 부족하다고 생각해온 료타. 그의 입에서 자연스럽게 튀어나온 말이 "역시 그랬구나!" 이것은 그의 강력한 혈연주의 내지 혈통주의 사고방식을 보여준다.

료타의 말을 듣지 않고 시골에서 아이를 낳은 아내 미도리의 반응.

"왜 몰랐을까?!"

'엄마라면 당연히 친아들이 아니었음을 알아야 했는데, 왜 알지 못했을까' 하는 자책의 표현이다. 출산당시 과다출혈로 정신이 혼미하여 알아차리지 못한 자신을 용납하지 못하는 미도리. 나는 그녀가 안쓰러웠다. 사실 신생아는 부모의 외모와 전혀 딴판이기 때문이다. 어떻게 그 어린 핏덩이에게서 핏줄을 알아보겠는가?!

류세이와 그의 엄마와 아빠

작은 전파상을 운영하는 유다이와 유카리 부부가 길러낸 3남매의 맏이 류세이. 기죽은 채로 부모가 시키는 대로 로봇처럼 행동하는 케이타. 케이타에게는 자유의지와 사내다움 같은, 료타가 기대하는 강인함이 없다. 그런데 류세이는 장난도 잘 치고, 어른들 눈치도 보지 않는 배짱과 소년다운 뻔뻔함도 있다.

유다이 부부는 자연스런 스킨십과 대화로 아이를 키운다. 료타 부부는 모든 것을 혼자서 해결하는 쪽으로 케이타를 길러왔다. 의존적이고 수동적이며 진취적이지 못한 케이타는 그래서 부모 곁을 서성대는 아이로 성장한 것이다. 반면에 류세이는 늘 소리 지르고 장난치며 자유분방하게 살아왔기 때문에 거리낌이 전혀 없다.

료타는 부모 가운데 어느 한 쪽은 엄격해야 한다고 믿는다. 케이타가 매사를 정해진 규칙에 따라 행해야 한다고 생각한다. 노는 시간, 피아노 치는 시간, 공부하는 시간, 게임하는 시간, 이 모든 것을 부모가 정해놓고 아이에게 강요하는 방식이다. 그런 이유로 케이타가 사내다운 기상이나 자신감이 없는 것을 료타는 모른다.

유다이는 료타가 못마땅하다. 아이에게는 나름의 시간과 공간, 자유로운 세계가 있어야 한다고 믿는 유다이. 그래서일까?! 동경의 주상복합 고층 아파트에 사는 료타 부부보다 시골동네 허름한 단독주택에서 살아가는 유다이 부부와 아이들이 더 행복해 보이는 까닭은! 크고 튼튼하며 명랑한 류세이는 그렇게 길러진 것이다.

료타는 어떻게 아빠가 되어 가는가?!

료타는 주말도 휴일도 없이 회사에 전념한다. 그의 역할모델은
고속승진을 거듭해온 부장이다. 회사가 필요하다면 그는 언제나
케이타와 아내를 방치하고 회사로 달려간다. 승진과 성공에 모든
것을 건 료타는 패배의 아픔과 승리의 쾌감을 모르는 케이타를 이
해하지 못한다. 왜 저렇게 생겨먹은 걸까, 하고 생각하는 료타.

료타가 부장의 호출을 받는다. 그는 시대와 세상이 변했음을 일
깨운다. 떠밀리다시피 료타는 우츠노미야 연구소로 옮겨간다. 거
기서 포충망을 든 사내를 만나서 자연을 배워간다. 사내는 매미가
우화하면서 남긴 껍질을 보고 말한다.

"땅속에서 15년 정도 살아야 매미가 됩니다."

깜짝 놀라는 료타에게 "15년이 깁니까?" 하고 묻는 사내. 그 지점인 것 같다. 료타의 깨달음과 반성적 사고가 작동하기 시작한 것이. 불과 6년을 키워온 케이타에게 너무 많은 것을 기대하고 주입하고 강요해 온 자신의 어리석음을 반추하기 시작하는 료타. 여기서부터 관객은 료타의 자세 변화를 하나둘씩 확인해 나간다.

핵가족과 대가족

류세이와 케이타가 왜 저리 다를까, 하는 점은 아이를 기른 부모의 차이에도 있지만, 가족의 구성성분 차이에도 있다. 류세이는 부모님뿐 아니라, 할아버지와 함께 산다. 3대가 어울려 살아가는 대가족. 3대가 게딱지만한 집에서 어울려 살다보니 시끌벅적하고 요란스럽지만 인간미 넘치고 따뜻한 가정 풍속도가 생겨난다.

외동인 케이타는 부모와 아파트에서 살아간다. 공동주택이지만 아파트는 각자의 거주공간이 완전하게 독립된 고립의 공간이다. 거기서 세 식구는 각자의 생활을 정해진 매뉴얼에 따라 살아간다. 정갈하고 단출하며 화목해 보이지만, 사무적이고 딱딱하며 형식적인 느낌이 든다. 계산적이고 죽어버린 공간과 냉랭한 관계!

<그렇게 아버지가 된다>는 이런 점에서 일본사회가 직면하고 있는 핵가족의 문제도 은근히 건드리고 있는 셈이다. 해마다 1만 5천명 이상의 고독사 기록을 가지고 있는 노인의 나라 일본. 그것

을 미리 준비하게 하는 핵가족사회 일본. 어린 시절부터 혼자 생각하고 행동하는 것에 익숙해지도록 훈련하는 나라 일본.

인간은 본시 사회적인 동물 아닌가. 케이타가 류세이의 동생들과 어렵지 않게 동화되면서 활기차게 뛰어노는 데에는 까닭이 있는 것이다. 아이에게 잠재되어 있던 유희본능과 자유의지를 몸소 일깨우는 유다이의 교육방침은 음미할 만하다. 성적과 예능교육과 미래지향적인 료타와 놀이와 관계와 자유를 중시하는 유다이.

인상적인 장면 하나. 뒤늦게 케이타의 따뜻하고 아름다운 성정을 이해하게 된 료타가 나란한 길을 걸으면서 아이에게 사과와 용서를 구하는 장면. 왜 영화가 10만 관객을 모을 수 있었는지 웅변하는 장면이다. 무한경쟁과 승자독식을 어릴 때부터 주입하는 한국의 교육을 돌아보게 만드는 영화가 조용히 상영되고 있다.

2014 CINEMA

노예 12년

감독 | 스티브 맥퀸

주연 | 치웨텔 에지오포, 마이클 패스벤더, 브래드 피트

장르 | 드라마

연도 | 2014

02

구원은 지금과 여기, 당신에게 있다!

〈노예 12년〉

글을 시작하면서

2014년 '아카데미 영화제' 시상식에서 작품상을 받은 <노예 12년>이 상영되고 있다. 86년 세월 동안 흑인 영화감독이 연출한 영화가 작품상을 받은 것은 이번이 처음이다. 영국 태생인 스티브 맥퀸은 우리에게는 생소하지만 <헝거>(2008)와 <셰임>(2011) 등으로 연출력을 인정받은 음악가 출신 감독이다.

21세기 들어 아카데미 작품상은 오락 중심에서 사회 드라마 쪽으로 선회하고 있는 느낌이다. 이라크 전쟁의 어두운 면을 벗겨낸 <하트 로커>나, 염세적이고 파멸적인 영화 <노인을 위한 나라는 없다>, 현재진행형인 미국의 인종차별을 신랄하게 포착한 <크래

쉬> 등이 본보기다. <반지의 제왕>이나 <검투사> 같은 예외도 있기는 하지만.

<노예 12년>은 아메리카 영화의 주류가 조금씩 방향전환을 모색하는 좋은 예로 보인다. 우리가 잊고 있던 '노예제도'와 인권유린, 거기서 발원한 '남북전쟁'과 링컨 대통령까지 우리의 사유를 확장하기 때문이다. 익숙하지만 새롭게 다가오는 19세기 중반의 역사적 사건을 소재로 삼은 영화 <노예 12년>을 만나보자.

왜 노예인가

솔로몬 노섭이 나무에 달려 있다. 그의 목에는 굵은 밧줄이 동여매져 있고, 밧줄은 나무줄기에 묶여 있다. 깨금발을 해야 숨을 쉴 수 있는 노예. 그의 숨소리가 거칠어지는가 싶더니 호흡이 잦아든다. 그때 백인 하나가 장총을 들고 나타나 소리친다.

"노새 타고 가서 주인나리 모셔와!"

소리친 자는 농장주가 고용한 백인 중간관리자. 다른 흑인노예가 주인을 데리러 간다. 시간은 하염없이 흐르고 흑인노예는 점점 더 지치고 늘어진다. 그런데 희한한 장면이 되풀이된다. 그를 둘러싼 다른 흑인노예들이 일상적인 노동과 행동을 지속하는 것이다.

심지어 노예 자식들은 죽어가는 그를 보면서도 희희낙락 놀이에 여념 없다.

같은 처지에 있는 성인노예의 목숨이 경각에 달렸음에도 아이들은 아랑곳하지 않는다. 자기들과 전혀 다른 세상에 있는 사람이거나 투명인간처럼 그를 대한다. 바로 옆에서 사람이 죽어나가게 생겼는데도, 그들은 아무런 일도 일어나지 않은 것처럼 천연덕스럽기 그지없다. 어쩌다가 저렇게 되고 말았을까, 의구심이 든다.

한 사람의 흑인노예 팻시만 예외다. 그녀는 노섭에게 물을 먹인다. 하지만 그것도 딱 한 번뿐이다. 그것이 노섭에게 주어진 유일한 희망이자 구원의 손길이다. 그런 연유로 그들 사이에는 말로 하기 어려운 인간적인 유대가 만들어진다.

자비로운 주인과 악마 같은 주인

솔로몬 노섭은 자유인이었다. 자유인 증명서를 가진 음악가이자 뉴욕 시민이었던 노섭. 그랬던 그가 노예로 팔리게 된 동기는 백인들의 납치와 감금 그리고 가공할 폭력이었다. 물질적인 유혹에 넘어간 노섭이 겪어야 했던 12년의 끔찍한 세월. <노예 12년>은 실화에 바탕을 두고 있다고 한다. 그때 얼마나 많은 '노섭들'이 있었을까?!

1841년 거리에서 납치된 노섭은 흑인노예를 악랄하게 혹사시키는 것으로 유명한 루이지애나 주로 팔려온다. 미시시피 강이 유유히 흐르고, 목화와 쌀, 사탕수수 같은 농산물이 풍부한 루이지애나. 그의 첫 번째 주인이자 농장주는 윌리엄 포드. 그는 자비롭고 신앙심 깊은 인물로, 노섭의 재능과 인물됨을 높이 평가한다.

하지만 거기까지다. 노섭이 본디 자유인이고, 상당한 수준의 바이올린 연주자라는 사실을 알면서도 포드는 돈 때문에 노섭을 악덕 농장주 에드윈 엡스에게 팔아넘긴다. <노예 12년>에서 우리가 만나는 설득력 있는 장면이 이 대목이다. 인간적으로는 흑인노예를 동정하되, 경제적인 면에서는 결코 양보하지 않는 백인 농장

주!

알코올 중독자 엡스는 즉흥적이고 폭력적인 인물이다. 그의 사람됨은 팻시를 대하는 복잡한 면모에서 드러난다. 최대의 목화 수확량을 자랑하는 팻시. 동시에 엡스는 그녀를 성적 노리개로 삼는다. 그러면서도 그는 팻시를 의심하고 남성적인 지배욕구로 가득 차 있다. 팻시를 질투하는 엡스의 아내. 막장도 이보다 더한 막장이 없다!

주인철학과 노예철학

역겨웠던 것은 백인 주인들이 성서를 인용하며 노예들과 기도하는 장면이었다. 흑인노예를 가축이나 물건처럼 대하면서 그것을 정당화하는 논리적 근거로 성서를 들이대는 이중적인 성격의 백인 농장주들! 목화농장에 벌레가 들끓는 것은 신을 믿지 않는 노예 탓이고, 벌레가 사라진 것은 신실한 자기네 덕택이라는 주인들!

노예들은 어떤가?! 그들은 단결이나 투쟁에 근거한 해방의 이념과 전혀 관계없는 인물들이다. 노예들은 소나 말 같은 가축처럼 자기 소임을 다하고, 언젠가 신의 품에서 해방되기를 갈망하는 나약한 존재다. 그들이 장례식에서 부르는 만가는 해방과 탈출을 지향하지 않는다. 묵묵히 수동적으로 인생과 운명과 죽음을 수용하는 노예들.

영화배우 스티브 맥퀸은 <빠삐용>에서 끝없이 탈출한다. 붙들리면 잡혀 와서 옥살이 하다가 탈출하고, 다시 붙잡히면 또 탈출한다. 끝까지 포기하지 않고 빠삐용은 탈출한다. 영화의 마지막 장면은 우리를 전율케 한다. 머리가 허연 빠삐용이 하얀 포말이 이는 바닷가의 아스라이 높은 언덕에서 뛰어내리는 것이다.

<노예 12년>에서 노예들은 순종적이다. 노섭은 탈출을 꿈꾸지만, 우연히 대면하게 된 탈주 노예들의 교수형을 보고 마음을 돌린다. 텔레비전 드라마 <추노>를 연상하시라! 그가 선택하는 방식은 적극적이며 투쟁적인 탈출이 아니라 인내심 있는 기다림이다. 그런 기적 같은 우연을 가져다줄 구원의 동아줄은 어디서 오는 것일까?!

구원은 어디서 오는가?!

<절망>에서 김수영 시인은 절망적으로 절규한다.

> "풍경이 풍경을 반성하지 않는 것처럼/ 곰팡이 곰팡을 반성하지 않는 것처럼/ 여름이 여름을 반성하지 않는 것처럼/ 속도가 속도를 반성하지 않는 것처럼/ 拙劣과 수치가 그들 자신을 반성하지 않는

것처럼/ 바람은 딴 데서 오고/ 구원은 예기치 않은 순간에 오고/ 절망은 끝까지 그 자신을 반성하지 않는다."

예기치 않은 순간 시인을 찾은 구원처럼 노섭에게도 구원은 갑자기 찾아든다. 뉴욕의 가족을 향한 절절한 마음에도 죽음의 공포로 인해 탈출을 결행 못하는 노섭. 그런 노섭에게 다가서는 캐나다인 베스. 여기서 나는 <파워 오브 원>이 떠올랐다. 문제제기와 해결의 열쇠는 늘 백인만 가지고 있는가, 하는 의문을 가지고

자유인 증명서를 가진 흑인 솔로몬 노섭을 노예로 삼은 것도 백인. 노예시장에 그를 팔아서 루이지애나로 데려간 것도 백인. 자비와 함께 바이올린을 선물한 것도 백인. 그를 개돼지 이상으로 학대한 것도 백인. 그를 노예상태에서 해방한 것도 백인. 결국 흑인의 운명은 완전히 백인 손아귀에 있는 것이다. 가축이나 가구처럼.

하기야 역사는 웅변하고 있다. 1861년 '남북전쟁'으로 아메리카가 양분될 위기에 처했을 때 우리가 존경해마지 않는 링컨은 이렇게 말했다고 한다.

"이 싸움에서 나의 최대목적은 유니온을 살리는 것이지 노예제도를 유지하거나 없애는 것이 아니다. 노예를 해방시키지 않아도 유니온을 살릴 수 있다면 그리 하겠다. 더러는 해방시키고 더러는 그대로 두어 유니온을 살릴 수 있다면 그리 하겠다.

나는 어떤 형태로든 흑인종과 백인종의 사회적, 정치적 동등권을 이룩해야 한다는 생각에 찬성할 마음도 없고 찬성한 일도 없으며, 흑인에게 투표권이나 배심원이 될 자격을 준다거나 그들에게 공직을 맡게 한다든가, 백인과 결혼하게 한다는 생각에 찬성할 마음도 없고 찬성한 일도 없다는 사실을 분명히 천명하는 바이다.

덧붙이고 싶은 것은, 흑인종과 백인종 사이의 차이점은 너무나 커서 두 인종이 사회적, 정치적 동등권을 유지하면서 함께 산다는 것은 불가능하다. 두 인종이 함께 살 수 없지만, 함께 살아야 할 경우라면 반드시 지위의 우열이 구분되어야 하며, 다른 사람들과 마찬가지로 나 역시 백인종에게 부여된 우월권을 그대로 유지해야 한다는 생각에 동감한다." (James Cone, <흑인신학과 흑인의 힘>에서 인용.)

구원은 밖에 있지 않다. 구원의 출발은 없는 자, 빼앗긴 자, 배우지 못한 자의 각성과 행동에서 나온다. 행동하지 않는 양심은 한낱 비겁에 지나지 않으며, 세상의 온갖 부조리와 모순은 거기서 생겨난다. 예기치 않은 순간에 닥칠 구원을 그저 기다릴 것인가?! 구원은 지금과 여기, 오직 당신에게 있다.

리스본행 야간열차

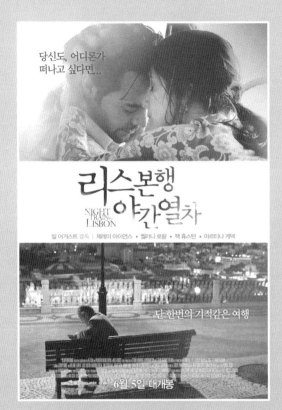

감독 | 빌 어거스트

주연 | 제레미 아이언스, 멜라니 로랑

장르 | 미스터리, 멜로/로맨스

연도 | 2014

03

그는 돌아갔을까, 밋밋한 베른으로?!

〈리스본행 야간열차〉

글을 시작하면서

1993년 <영혼의 집>에서 칠레 군부독재를 배경으로 개인과 국가의 관계를 가족사로 풀어낸 빌 어거스트 그의 영화에는 묵직하고 상큼하며, 서사적이되 서정적이고, 개인적이면서 범세계적인 것이 조화롭게 자리한다. 그래서 <정복자 펠레>(1987), <레미제라블>(1998), <굿바이 만델라>(2007) 같은 작품이 나왔는지도 모른다.

<리스본행 야간열차>는 어거스트 감독의 성향이 고스란히 배어있는 작품이다. 현재와 과거가 교차하고, 스위스 베른과 포르투갈의 리스본이 소통한다. 개인과 국가의 운명이 충돌하고, 사랑과

혁명이 불협화음을 낸다. 그러면서 영화는 인간의 운명과 시공간에 대한 다채로운 사유와 인식으로 관객을 몰고 간다. 감독은 이렇게 묻는 듯하다.

"지금껏 살아오면서 잠시라도 치열했나요? 진정 그랬던가요?"

드라마와 로맨스의 결합

'지루하고 거만하다'는 이유로 아내에게 이혼당한 고전문헌학 강사 그레고리우스. 건조한 일상의 반복 속에서 예순 나이를 넘긴 예비은퇴자. 모든 것을 정해진 일과에 따라 기계적으로 처리하는 자동인형 같은 존재. 그에게 느닷없이 다가온 정체불명의 자살 시도자. 빗속의 고가차도에서 생의 전환을 맞이하는 인간 그레고리우스.

짧은 선택의 시간과 뭔가에 홀린 듯 야간열차에 몸을 싣는 사내. 그가 도착한 찬란한 태양의 도시 리스본 거리는 우중의 잿빛 베른 거리와 얼마나 다른가. 이방인의 주머니에 담긴 서책 <언어의 연금술사>. 그레고리우스의 삶은 강사에서 어설픈 형사로 전환하는 듯하다. 여태껏 알지 못했던 세계와 만나면서 새로움에 눈 뜨는 초로의 인간.

<리스본행 야간열차>는 주인공이 경험하는 이질적인 공간과 시간여행을 그의 내면세계와 교차시킴으로써 온전함을 얻는다. 영화는 그레고리우스가 찾아다니며 만나는 인물들과 그들이 엮어내는 서사구조가 기본 틀을 이룬다. 거기에 그의 행위로 인해 만들어지는 관계정립과 확장이 덧대어진다. 드라마와 로맨스의 상큼한 결합이다.

그레고리우스가 혁명기 리스본을 살았던 청춘의 아마데우와 스테파니아 그리고 조르주를 찾아다닌 데에는 까닭이 있을 터. 그것은 필시 폭력과 억압과 압제가 일상이었던 시공간을 뜨겁고 다각도로 살았던 인간들에 대한 동경이자 찬탄이었을 것이다. 그 모든 것이 함축적으로 기록된 서책이 아마데우 프라두가 남긴 <언어의 연금술사> 아닌가.

혁명과 사랑, 구원과 관계의 확장

살라자르 철권통치의 끝물이 포르투갈을 더럽히고 있던 1973년 리스본. 지배계급인 판사의 아들로 의학의 길을 걷는 아마데우. 하층계급 출신으로 그의 가장 가까운 친구이자 약사인 조르주. 그리고 그들 사이에서 떠도는 여인 스테파니아.

사랑과 혁명이 온전하게 공존했던 적이 있던가. 액자영화 속의 사건은 세 사람의 화해할 수 없는 대립관계로 치닫고, 우리는 세 갈래로 갈린 주인공의 운명을 목도한다. 한때는 같은 공간에서 동일한 목표를 향해 한곳을 바라보았던 그들. 하지만 시대와 역사의 거센 소용돌이를 타고 넘을 수 없었던 청춘의 파열음이 드러난다.

아마데우의 묘비명에 새겨진 간결한 문장은 1970년대 동시대를 살아간 세상의 열혈 청춘들의 열망과 의지와 전혀 다르지 않다.

"독재가 현실이라면 혁명은 의무다!"

혁명과 사랑의 연관이 여기서 정지했다면 영화는 황석영의 <오래된 정원>으로 추락했을 터. 그것은 그레고리우스와 카타리나 그리고 마리아나의 관계로 확장된다.

아마데우가 리스본의 도살자 멘데스를 구원함으로써 가능했던 스테파니아와 아마데우의 관계가, 그레고리우스와 카타리나의 조우와 겹친다. 영화의 시작과 끝을 매개하는 그들 관계의 우연성은 윤회를 떠올리게 한다. 구원받은 자가 구원한 자를 다시 구원하는 형식! 마치 뫼비우스의 띠처럼 그들은 서로 결박되어 있다.

그것은 마리아나와 그레고리우스의 관계로 이어진다. 마리아나가 만들어준 안경은 <언어의 연금술사>와 더불어 영화의 기막힌 소품이다. 서책이 그를 리스본으로 인도했다면, 안경은 익숙해진 것과 작별하고, 대상을 새롭게 보도록 인도한다. 그것은 지금까지 그레고리우스가 살았던 삶의 전면적인 재고와 성찰로 귀결된다.

잠언형식의 성찰과 문제제기

'신의 죽음' 내지 '철학의 종말'을 설파한 <차라투스트라는 이렇게 말했다>처럼 <리스본행 야간열차>는 빛나는 잠언과 기막힌 단상으로 객석을 무장 해제한다. 우리가 생각한 적도 없는, 혹은 어렴풋하게 떠올렸던 막연한 명제를 아무렇지도 않게 슬쩍 던진다. 대가의 자유자재한 붓놀림처럼. 하지만 그것은 영화의 서사와 연결된다.

> "시끌벅적하고 요란한 사건만이 인생의 향방을 바꾸는 결정적인
> 순간은 아니다. 사소한 것이 인생을 바꾼다."

인생의 비의를 가볍지만 묵직하게 그려내는 솜씨가 일품이다. 나이가 제법 든 그레고리우스가 괴로워할 만한 명제다. 우리 인생에 어떤 극적인 사건이 있었단 말인가. 어제와 오늘이 충돌하여 만들어낸 내일이 그제와 다름없음을 확인하는 것이 인생의 본질 아니던가. 리스본행 열차에 올라탄 그레고리우스의 선택은 또 어떤가?!

> "우리는 어떤 장소를 떠날 때 무엇인가를 뒤에 남기고 가는 것
> 이어서 우리의 무엇인가는 거기 계속 머문다."

아마데우는 아주 먼 곳에서 먼 길을 떠났지만, 그의 뒤에는 <언어의 연금술사>가 남는다. 그것으로 인해 그레고리우스는 아마데우의 동시대인들과 그들의 아프고도 뜨거웠던 지난날을 돌이키고, 그들과 대면함으로써 40년 세월을 반추한다. 하지만 그가 만나고 생각하는 것은 그 자신의 삶에 내재한 비루한 양상 아니었을까?!

열린 공간의 축복

"오직 너와 나만이 존재하는 새로운 세계로 갈 거야. 난 책을 쓰

고, 너와 나만 이해할 수 있는 새로운 언어를 창조할 거야. 가능한
멀리 강을 따라 올라갈 거야. 과거로 그리고 미래로, 마지막의 맨
처음으로."

추적과 체포와 고문과 투옥으로 압축되던 포르투갈과 리스본이
아니라, 머나먼 미지의 땅으로 떠나려는 아마데우의 제안을 듣는
스테파니아의 얼굴이 어둡다.

"난 뭘 하지?"

이것은 그들의 사랑과 관계에 대한 압축적인 표현이다. 세상의
끝 '피니스테레(Finisterrae)'에서 그들이 주고받는 대화가 서사의 본
질을 이룬다. 한없이 동경하고 사랑하지만, 그들의 관계를 규정하
는 근본적인 동인은 자유와 독립성이다. 그들은 함께 있었지만, 따
로 있었고, 따로 있었지만 하나였다. 그것으로 족했기 때문이다.
영화에 비쳐진 거대한 절벽과 바다의 하얀 포말과 머나먼 하늘
의 자유로운 바람은 내가 있는 한반도 남부의 갇힌 공간을 숨 막
히게 하는 것이었다. 영원으로 열린 창공과 바다가 선사하는 미지
의 세계와 깨어있는 자의 장쾌하고 섬세하며 깊이 있는 통찰은 그
의 외적 조건과 치밀하게 엮어져 있는 것은 아닐까, 하는 생각이
들었던 탓이다.

짧은 맺음말

베른으로 출발하는 열차 앞에서 그레고리우스가 마리아나에게 말한다.

"내 인생은 뭐죠? 지난 며칠을 제외하면……."

한 번도 혁명이나 내란이 없었던 베른의 그레고리우스가 잠시 경험한 리스본과 혁명과 청춘과 사랑의 대비가 우울하게 축약된 말이다.

"여기 그냥 머무시면 안 돼요?"

다른 시공간에서 청춘을 보낸 그레고리우스가 도달한 결론에 대한 마리아나의 제안이다. 그레고리우스는 아마데우의 후예에게 동의했을까?! 베른에서 그를 기다리는 것은 뭘까? 햇빛 찬란한 리스본 거리와 광장에서 그는 무엇을 보고 어떤 결론에 도달했을까.

명랑

감독 | 김한민

주연 | 최민식, 류승룡, 조진웅

장르 | 액션, 드라마

연도 | 2014

04

우리 시대의 영웅을 기다리며!

〈명량〉

글을 시작하면서

김한민의 신작 <명량>의 기세가 하늘을 찌른다. 개봉 일주일 만에 600만 관객을 돌파했다. 놀라운 기록이다. 1,500만 관객도 가능하리란 전망도 나왔다. 그럴듯한 추산이다. 개봉관이나 화면의 엄청난 수효를 지적하는 견해도 있지만, 객석 점유율이 따라준다는 얘기 아닌가?! 이쯤이면 신기록 수립에 대한 기대치가 높을 수밖에!

객석에서 눈물을 보이는 여성관객이 적잖다. 2, 3분에 한 번씩은 관객을 웃겨야 한다는 것이 한국영화 흥행공식 가운데 하나다. '눈물 속의 웃음'으로 천만신화를 보여준 <7번방의 선물>을 연상하면 이해가 쉽다. 그런데 <명량>에 오면 사정이 판이하다. 웃음기나 가벼움이 사라진 전란의 한복판을 관통하기 때문이다.

700만 관객의 <최종병기 활>에서 김한민은 "그랬더라면 얼마나 좋았을까?!" 하는 허구에 의지한다. 신흥강국 청나라에게 속절없이 무너지고 짓밟힌 한스러운 역사 앞에 동원된 애국적 메시지의 결과다. <명량>에서 그는 사실재현에 큰 비중을 할애한다. 인간적인 영웅 이순신의 면모를 다각도로 접근하려 한다.

인간 이순신 ― 아들이자 아버지 이순신

영화는 1597년 9월 16일 '명량대첩'에 집중한다. 하지만 영화의 시간은 정유재란, 그러니까 1597년 초 재개된 왜군의 제2차 공세로부터 시작한다. 암군 선조가 왜군밀정 요시라와 서인의 농간에 빠져 이순신을 파직하고, 원균을 삼도수군통제사로 임명한 시점이 겹쳐진다. 갖은 고초 끝에 구사일생으로 목숨을 건진 이순신.

백의종군하던 순신에게 들려온 어머니의 별세. 권율의 육군 휘하에 있던 그는 유교세계의 관례인 삼년상에도 참례하지 못한다. 그저 어머니의 위패만 모신 채 향불 피우고 예의를 갖춰야 하는 불효자가 되는 것이다. <명량>은 이런 불초한 자식의 면모를 감내해야 하는 이순신의 내밀한 아픔을 보듬는다. 어디 이뿐이랴!

장남 회에게 순신은 흉중을 토로한다. 순신이 통제사로 부임하고 있었을 당시 패배를 몰랐던 조선수군은 정유재란 발발 이후 원균의 지휘 아래 6월 안골포와 웅포 해전, 7월 칠천량 해전에서 궤멸 직전의 패배를 당하고 만다. 거기서부터 발원한 병사들의 바다모를 공포가 전군을 휘감고 있다. 전략회의에서도 공포 분위기는 지속된다.

순신은 회에게 내심을 털어놓는다. 비책을 가지고 있으되, 그것의 실현방도를 구하지 못해 애태우는 순신. 그를 찾아오는 원혼들에게 술잔을 권하는 이순신. 영화는 언제나 고독했고, 죽음을 목전에 두고 있던 인간이자 자상한 아버지 순신을 잡아낸다. 우리에게 익숙한 위대한 영웅의 모습이 아닌 인간으로 현현하는 순신!

장수 이순신 — 전략가이자 지도자 이순신

"신에게는 아직 열두 척의 배가 남아 있사옵니다!"

한국인 누구나 알고 있는, 가슴 떨리는 문장에서 우리는 두둑한 배포와 전략가로서 이순신을 대면하게 된다. 일본수군과 비교하여 절대적인 열세에 있던 조선수군을 폐하고, 순신과 휘하군사를 권율의 육군에 재편성하려는 선조 그런 군왕에게 순신이 보내는 장계에 실린 구절이 '열두 척의 배'와 일본수군의 두려움이다.

조선수군이 시시각각 다가오는 죽음의 공포에 사로잡혀 있다면, 일본수군 역시 이순신에 대한 공포에 사로잡혀 있다. 1592년 임진 왜란 개전 이후 단 한 차례도 이순신을 이겨보지 못한 일본수군의 말 못할 공포! 순신은 왜군의 이런 공포를 이용하고자 한다. 두려움과 두려움이 정면충돌하는 전장에서 누가 선방을 날리는가?!

순신이 선택한 불멸의 어휘가 등장한다. "죽고자 하면 반드시 살 것이오, 살고자 하면 반드시 죽을 것이다! 必死卽生 必生卽死!" 그의 선택은 자명하다. 잠시의 망설임도 없이 사지의 한복판으로 대장선을 인도하는, 자신의 죽음으로 병사들의 공포를 극복하게 하려는 지극한 전략가이자 지도자로서 이순신의 면모가 약여하다.

전략가이자 지도자 이순신의 실체가 기막히게 실현되는 장면은 소름 돋는 명량의 소용돌이 한가운데서 맞이한 절체절명의 위기에서 구현된다. 이것은 백성과 국가를 살리고자 스스로를 죽이고자 했던 자만이 누릴 수 있는 복되고도 지극한 것이다. 풍전등화 같던 나라와 백성을 구해낸 야전사령관 이순신의 진면목이다.

우리는 왜 영웅을 기다리는가!

임진왜란이 조선의 승리로 귀착된 데에는 세 가지 원인이 있다. 명나라 군대의 개입과 원조, 의병들의 활약, 이순신의 해상권 장악이다.

첫 번째 원인은 우리를 심히 부끄럽고 민망하게 하는 것이어서 논외로 하자. 1882년 '임오군란'이 발발하자 대원군은 청나라 군대파병을 요청하고, 1894년 동학농민전쟁이 발발하자 민비는 일본군의 출병을 요청한다. 뼈아픈 사대망국의 장면들!

두 번째 원인은 가토 기요마사나 고니시 유키나가 같은 왜군장수들을 크게 당혹시킨 것으로 알려져 있다. 국왕이란 자는 백성과 도성을 버리고 야반도주했는데, 백면서생들과 스님들이 백성들과 세력을 규합해 게릴라전을 전개하다니! 100년의 전국시대를 경험한 왜인들의 눈에는 참으로 해괴한 장면이 아닐 수 없었던 것이다.

우리가 환호하는 것은 세 번째다. 23전 23승에 빛나는, 세계 해전사상 불후의 금자탑을 쌓아올린 이순신! 그가 없었다면 조선은 일찌감치 사라졌거나, 명나라와 일본의 강화조약에 따라 반분되었을지도 모른다. 그래서 우리는 영웅을 기다리는 것이다.

토마스 칼라일은 <영웅의 역사>에서 영웅의 두 가지 요건으로 성실성과 진실성을 꼽았다. 우리 역사에서 가장 위대한 영웅으로 평가받는 이순신의 미덕 두 가지가 성실성과 진실성, 아니었을까! <명량>은 그것을 또렷하게 드러낸다.

충은 누구를 지향하는가?!

회가 순신에게 묻는다.

"군왕은 아무 죄도 없는 아버님을 잡아가두고 고문하고 죽이려 들지 않았습니까? 이번 전쟁에서 승리하신다 해도 군왕은 다시 아버님을 가두고 죽이려 들 것입니다. 그런데 왜 아버님은 군왕에게 충성을 다하려 하십니까?"

서른 살 장남을 지긋이 바라보며 순신이 나직하게 말한다.

"충은 의리다. 의리는 왕이 아닌 백성에게 하는 것이다. 그러므로 충은 왕이 아니라, 백성을 향하는 것이다."

　장수의 충성은 백성을 향하고, 백성이 있어야 군왕도 나라도 가능하다는 이순신. 위대한 무인이자 동시에 <논어>의 불멸하는 구절 "민무신불립 民無信不立"을 말하는 인문학적 인간 이순신. "백성들의 믿음이 없으면 국가는 존립할 수 없다!"

　이런 장면으로 인해 영화의 마지막 장면이 설득력을 가진다. 허다한 주검을 동반한 해전이 끝나고 격군들과 병사들이 승리의 웃음꽃을 함빡 피운다.

　　"나중에 후손들이 우리가 개고생한 걸 알까, 몰르겠네!!"
　　"모르면 호로새끼지~!"

글을 마치면서

<명량>의 상영시간은 두 시간을 넘는데 객석은 지루하지 않다는 표정이다. 관객의 몰입을 유지하는 영화의 힘이 도저한 것이다. 명량해전의 박진감 나는 해상전투는 영화의 재미와 완성도를 끌어올린다. 특히 '충파衝破'는 압도적이다.

정면으로 부딪쳐 깨트린다는 의미를 가지는 충파. 임진왜란 당시 조선수군의 주력은 소나무로 만든 판옥선이었다. 반면 왜군의 전투선은 삼나무와 전나무로 만들어진 세키부네였고, 그것을 지휘한 배는 안택선이었다. 거북선 없이 싸워야 했던 이순신은 '충파' 전술로 물살 드센 울돌목(명량)에서 적선 31척을 수장시킨다.

이순신의 신묘한 전술과 전략도 그렇지만, 인간적인 면모를 간직했던 그의 풍모 또한 현재 진행형이다. 그러하되, 우리는 이순신의 고독과 두려움과 종당에 찾아온 영웅적인 죽음의 의미를 오늘날 되살리고 있는가. 그가 보여준 정신과 불굴의 투혼, 성실성과 인내 그리고 진실성은 우리의 자양분으로 승화되고 있는가.

안팎곱사등이로 전락한 대한민국의 현주소를 돌아보면서 숨이 막히는 것은 나만의 일인가?! 구루지마 미치후사, 와키자카 야스하루, 도도 다카토라 같은 왜장들은 흘러간 과거인가?! 그렇다면 집단적 자위권의 아베 신조는 또 누구란 말인가?!

해적

감독 | 이석훈

주연 | 김남길, 손예진

장르 | 모험, 액션

연도 | 2014

〈해적〉이 웃기기만 하는 영화라고?! 천만에!

〈해적〉

글을 시작하면서

2014년 여름 한국 영화관과 영화거리가 북적댄다. 그것도 아주 소란스럽게! 여름철 영화관은 파리 날리거나 혹은 익숙한 납량특집 영화로 채워지곤 했다. 악령이나 귀신 혹은 드라큘라 같은 친근한 주인공들이 객석을 휘어잡았다.

그런데 이번 여름은 영화판이 유다르게 돌아가고 있다. 공포와 무관한 <군도>가 판을 짜더니, <명량>과 <해적>이 뒤를 잇고 있다. 최근에는 묵직한 <해무>까지 가세하여 관객을 즐겁게 하고 있는 것이다. 비록 500만 고지에 오르기 버거워 보이지만 <군도>는 1862년 조선후기 철종 조에 발생한 민란을 현란하게 다룬 묵직한 영화다.

요즘 많이 거론되는 <명량>은 1,500만 관객을 돌파하여 한국 영화 신기원을 작성하고 있다. 풍전등화, 백척간두, 진퇴유곡에 처한 국가를 구한 영웅이자 자상한 아버지, 백성들의 자애로운 지도자 이순신 이야기가 <명량>이다. <명량>에 이토록 많은 관객이 반응하는 것은 분명 '세월호 참사사건'이 배후세력일 것이다.

2012년 <댄싱 퀸>으로 비로소 자신의 존재가치를 입증한 이석훈 감독의 <해적 : 바다로 간 산적>(이하 <해적>)이 입소문을 타고 있다. <군도>가 <명량>에게 초반부터 압도당했다면, <해적>은 만만찮은 저력을 보여주면서 예매율과 좌석 점유율에서 <명량>을 앞지르고 있다. 이런 현상을 어떻게 이해할 것인지 적잖게 흥미롭다.

〈해적〉이 웃기기만 하는 영화라고?!

<해적>은 유쾌하고 재미있다. 단, 조건이 있다. 일반적인 영화 공식은 잊어야 한다. 조선왕조 개창과 연관된 역사적 사실을 머릿속에 두는 관객은 쫄딱 망한다. <해적>을 보면서 관객은 영화의 개연성이나 시간배치, 사건진행의 인과성이나 사실성 같은 걸 모두 잊고 웃고 즐기면 그만이다. 딱 거기까지다. 정말 그런가?!

이렇게 되면 희극영화 <해적>은 삼류가 된다. 웃음에 뼈가 없

으면, 그것도 용가리 통뼈가 하나쯤 없으면 삼류다. 따라서 <해적>에 적잖은 관객이 드는 것은 까닭이 있는 셈이다. (<해적>은 8월 17일 기준 430만 관객을 넘어 500만을 향해 순항 중이다.) 웃으면서 더러 배후를 생각하게 만드는 대목이 영화에 있다는 얘기다.

1392년 개국 당시 이성계가 보낸 사신이 한상질이다. 그자가 국호는 받았는데, 국새는 가져오다 분실했다는 '가상역사'에 기초한 영화가 <해적>이다. 바닷길로 오다가 고래와 싸우던 중 국새를 고래가 삼켰다는 설정인 것이다. 멀쩡한 육로 놔두고 왜 해로를 택했는지, 고래는 왜 옥새를 삼켰는지, 그런 건 묻지 마시라!

고려를 망하게 하고 조선을 세운 이성계가 명나라에 국호와 국새를 요청한다는 대목이 영화의 용가리 통뼈다. 한심한 얘기다! 옛 나라 무너뜨려 국새 반납하고, 새나라 세워 국호와 국새를 하사받는다는 얘기, 참으로 어처구니없는 얘기 아닌가?! 요즘으로 치면 미국 대통령에게 대한민국 국호와 국가직인을 하사받는 일이니까.

잃어버린 국새를 찾아라!

고래가 삼킨 조선국새를 찾으러 동원되는 세 집단의 면면은 흥미롭다. 친 이성계의 개국세력, 바다를 주름잡는 강력 해적단, 장사정의 얼치기 산적무리. <해적>은 이렇게 짜인 집단과 인물들의 관계와 사건에 의지한다. 여기에 이성계와 정도전 그리고 한상길로 대표되는 근정전의 집권자 무리는 덧대기 양념이다.

장사정이 모시고 있던 직속상관 모흥갑은 출세를 위해서라면 물불 가리지 않은 포악한 인간이다. 상명하복을 실행하지 않는 장사정에게 칼날을 휘두르는 것은 기본이고, 출세가도를 위해 민간인 학살과 사실조작도 서슴지 않는다. 그에게서는 <해적>의 인물들 가운데 유일하게 사실적인 냄새가 풍긴다. 현대판 정치군인의 냄새!

개국세력과 결탁하는 해적두목 '소마'는 모흥갑에 필적하는 그 악스런 악당으로 그려진다. 부하들의 생명을 파리 목숨처럼 함부로 여기는 소마는 해적이 지녀야 할 필수적인 덕목을 누구도 믿지 않는 것이라 생각한다. 언제든 상황에 따라 인간은 배신할 수 있다는 판단이다. 그는 죽음 너머에 있는 탐욕의 무기상이자 살인병기다.

소마와 대척점에 자리하는 여월. 그녀는 아버지의 죽음을 초래한 국가에 대한 반감과 어린 시절 고래와 함께 했던 추억으로 살아간다. <해적>에서 정의와 자연 친화를 대표하는 유일자로 그려지는 여월. 장사정은 거룩함과 우스꽝스러운 복합적인 성격의 인물이다. 거룩한 저항적 인물이되, 산적으로서는 빵점에 가까운 희극적 인물.

이런 세 집단의 인물들이 모여서 끓여내는 걸쭉한 섞어찌개가 <해적>이다. 그들이 앞다투어 찾아내려는 국새가 객석 앞에 모습을 드러낼지, 관객은 흥미진진하다. 객석의 흥미를 배가시키는 것이 '고래'와 '백상아리'다. 바다와 고래를 본 적 없는 산적들이 상어와 고래를 놓고 실랑이하는 장면은 박장대소의 원천이다.

이성계와 사대주의

1388년 이른바 '위화도회군'을 단행하면서 이성계는 네 가지 근거를 댄다.

　"여름철 군사동원은 농사를 망치고, 농민의 호응을 받기 어렵다. 요동정벌로 군사력이 분산되면 왜구가 침입할 수 있다. 장마철이라 화살의 아교가 녹고, 전염병이 창궐할 위험이 있다. 작은 나라가 큰 나라를 치는 건 잘못이다!"

　이른바 '사불가론'이다. 그럴듯한데 마지막 항목이 가시처럼 걸린다. 1592년 도요토미 히데요시가 '정명향도'를 내세워 임진왜란을 일으킨 역사를 주목하시라. '정명향도'란 '명나라를 치러 갈 테니 길을 안내하라!'는 얘기였으니 말이다. 이성계 시절의 명나라는 신흥강국이었고, 임란시절의 명은 망국을 목전에 둔 나라였지만!

이성계의 '사불가론'에 반발하고 나선 이가 있었으니, 그가 '바다로 간 산적'들의 두목 장사정이다. 장사정의 논지는 명쾌하다.

> "그렇다면 군대 돌려서 왕조 무너뜨리고 새로운 왕이 되는 것은 이치에 합당한가?!"

대국인 명나라에 항명하는 것은 허용되지 않지만, 고려 왕조를 때려 부수는 것은 허용되는가, 하고 장사정은 묻는다. 그가 신왕조 조선을 부정하고 깊은 산속으로 숨어들어가는 데에는 곡절이 있는 것이다. 무력을 이용해 권력을 찬탈하려는 이성계와 그 휘하에서 활약하는 두목에게 저항하는 장사정의 호기로움은 호쾌하다.

두목과 목숨을 건 일전도 마다하지 않고 수하를 이끌고 입산하는 장사정. 그에게서 사대가 아니라, 자주의 결기를 보는 것도 <해적>의 또 다른 맛이다.

사대주의, 그 후로 오랫동안

"나는 어느 나라 백성이오? 조선의 안정은 명나라가 줬으니, 명나라 백성이오? 나는 그런 나라의 백성이고 싶지 않소. 어찌 왕이라는 자가 명나라가 내려준 국새를 찾자고 백성을 희생시킨단 말이오. 어떤 세상을 이룰지 잘 생각해 보시오. 왕께서 백성들을 위한 진정한 새 세상을 만든다면 나 또한 그대의 백성이 될 것이오."

장사정이 왕에게 일갈하는 대목이다. 희극영화에서 이런 대사는 감독에게 상당한 부담이다. 딱딱하고 빤한 교훈을 삽입한다는 것은 실패를 무릅쓰지 않으면 안 되기 때문이다. 그럼에도 비극과 달리 희극에는 명쾌한 주제의식 내지 문제제기가 부설되어 있다. <해적>에서 감독이 말하고자 했던 주제 가운데 하나가 이것이다.

사대주의는 이성계 이후로도 끊임없이 한국사를 관통했다. 중국과 러시아, 일본을 거쳐 미국에 이르는 장구한 세월! 해방 이후 친미로 일관한 이승만이나, 미국에 베트남 파병을 자처한 박정희, 광주항쟁에 미국의 동의를 얻어낸 전두환과 노태우. 대를 이어 전시작전통제권 연장에 심혈을 기울인 이명박과 박근혜. 그 긴긴 세월!

<해적>을 600년 전 조선 어딘가에서 일어난 재미난 사건이라고 그저 웃어젖히는 관객은 장사정 만큼 허술하다. <명량>에서 관객이 백성을 향한 '충'을 말하는 이순신에게 끌렸다면, <해적>에서 관객은 자주적인 왕을 바라는 장사정에게 이끌린다. 큰 나라가 준 국새 없이 국정을 제대로 인도하라는 그의 일갈은 그래서 의미 있다.

2014년 여름의 영화관을 달구는 영화의 고갱이를 들여다보면 한국정치의 막다른 골목이 보인다. 왕과 권력집단, 부자들의 행악질이 극에 달하면 민란에 봉착하게 되고 (<군도>), 지배집단의 부패와 무능은 외침을 가져오며 (<명량>), 자주의식이 결여된 왕과

권부 실력자들은 민의 신랄한 문초와 대면하게 (<해적>) 되는 것
이다.

허니

감독 | 세미 카플라노글루

주연 | 보라 알타스, 에르달 베식시오그루, 툴린 오젠

장르 | 드라마

연도 | 2013

06

유수프의 잠은 꿀처럼 깊고 달콤했을까?

〈허니〉

글을 시작하면서

영화를 보는 것은 낯섦과 새로움을 경험하는 일이다. 그것은 익숙한 일상이나 경험의 세계를 벗어나 미지의 날것과 대면하는 행위다. 그래서 우리는 불편함을 감수하고 영화관을 찾는 것이다. 낯선 자들의 속삭임과 팝콘 씹는 소리, 휴대전화 문자 주고받는 짓거리, 앞자리에 두발 올려놓고 양키들 흉내 내는 역겨움을 참고서!

세미 카플라노글루 감독은 한국 관객에게 낯선 인물이다. 터키 출신인 그는 <허니>(2009)와 <에그>(2007), <밀크>(2008) 3부작을 감독했다. 이밖에 <천사의 추락>(2005), <베니스 70>(2013) 등을 연출했지만, 그의 이름은 여전히 우리에게는 생소하다. 하지

만 그의 영화는 도이칠란트, 프랑스, 그리스, 이탈리아, 미국 등과
연계되어 있다.

<허니>는 그에게 2010년 베를린 영화제 대상인 황금곰상의
영예를 안겨준 작품이다. 영화는 여섯 살배기 소년 유수프의 내면
풍경을 느린 화면과 정지 화면으로 잡아낸다. 영화의 전매특허인
속도감과 긴장, 재빠른 장면전환과 거창한 음향효과가 모두 결석
한 영화가 <허니>다. 그럼에도 영화의 울림과 공감은 넓고 깊다.

야쿱과 유수프 (아빠와 아들)

<구약>에서 야곱은 열둘의 아들을 둔다. 이 중 열한 번째 아
들이 요셉이다. 야곱은 요셉을 누구보다도 사랑한다. 그로 인해 요
셉의 형들은 아우를 질시하여 장사꾼에게 그를 팔아넘긴다. 그들
은 요셉의 옷에 양의 피를 묻히고는 아버지에게 그가 죽었다고 말
한다. 야곱은 그 후로 오랫동안 슬픔과 번뇌 속에서 살아간다.

그런데 영화의 두 인물 야쿱과 유수프의 관계는 <구약>의 두
사람 관계와 사뭇 다르다. 야쿱을 대하는 유수프의 태도나, 아들을
바라보는 아빠의 시선은 매우 독특하다. 야쿱은 유수프의 모든 것
이다. 아빠와 함께 하는 일상 하나하나가 유수프의 내면 깊은 곳
에 올올이 새겨지기 때문이다. 아빠 없는 유수프의 삶은 사유 불
가능하다.

　　야쿱과 함께 있으면 유수프는 <코란>의 어려운 내용도 술술 읽어낸다. 하지만 아빠 없는 교실에서 유수프는 <사자와 생쥐> 같은 쉬운 우화조차 제대로 읽을 수 없다. 유수프가 어느 날 고학년 교실에서 들려오는 여학생의 시낭송에 완전히 몰입한다.

　　여름날의 푸른 밤에는/ 숲길을 걷고 있으리/ 밀 잎에 찔려도 나는/ 잔풀을 밟으며 가리라/ 꿈꾸는 사람처럼 나는/ 그 신선함을 발 아래 느끼리라/ 나는 바람이 모자를 벗은/ 머리 위를 감싸게 하리라

극단적인 양면성을 지닌 소년 유수프의 내면세계는 언제나 야쿱을 통해서만 드러나고 이해된다. 유수프가 싫어하는 우유를 대신 마시고, 아들의 꿈 이야기를 귓속말로 들어주며, 들판의 꽃 이름을 알려주는 야쿱. 유수프에게 야쿱은 온존재의 기둥이자, 성장의 밑판이며, 자연과 합일 가능성까지 열어주는 영매이기도 하다.

제흐라와 유수프 (엄마와 아들)

유수프는 제흐라와 소통하지 않으려 한다. 소년의 영혼과 정신이 온통 아빠에게 내맡겨져 있기 때문에 엄마는 그저 허깨비처럼 보인다. 일상생활에 지극히 충실한 여성인 엄마는 자폐 증세를 보이는 유수프가 걱정이다. 야쿱에게 마을의 성직자를 찾아가야 한다는 제흐라. 하지만 그녀는 엉뚱한 이야기만 듣게 된다.

유수프의 성장 상태가 정상임을 아는 유일자 야쿱은 아내의 제안을 단박에 거절한다. 그 대신 야쿱은 사라져가는 꿀벌을 찾아서 더 멀리 벌통을 놓으려는 계획을 통보하는 것이다. 부족한대로 넉넉한 삶을 영위하도록 방조한 꿀벌들의 감소와 실종원인을 영화는 구체적으로 말하지 않는다. 상상을 촉구하는 영화 <허니>.

제흐라와 유수프의 관계는 며칠째 실종된 야쿱으로 인해 전기를 맞는다. '바이람축제' 행사장에서 야쿱을 찾으려는 제흐라. 허다한 인총들이 모여드는 축제 어디에도 야쿱은 보이지 않고, 제흐

라는 유수프의 손을 꼭 쥔다. 시시
각각 다가오는 상실의 두려움. 감
독은 이 장면을 소년의 시선으로
포착한다.

식탁에 놓여 있는 우유 한 잔. 유
수프의 눈길이 엄마와 우유를 분주
하게 왕복한다. 이윽고 결심이나 한 듯 벌컥벌컥 우유를 들이키는
유수프 현실화되는 야쿱의 부재와 "엄마를 돌봐야 한다!"는 아빠
의 당부를 떠올리며 우유를 마시는 유수프 코흘리개 소년에서 어
엿한 가장의 모습을 갖춰나가는 단초를 이 장면은 단적으로 보여
준다.

자연과 소년

벌통을 놓으려고 길을 나선 야쿱과 유수프 길에서 야쿱은 아들
에게 지나간 기억을 환기시킨다. 자연과 어울려 살아가는 방법의
초입을 하나하나 일깨우려는 자상한 아빠. 그러던 야쿱이 간질 발
작으로 길에 쓰러진다. 유수프는 그런 아빠가 낯설지 않다. 개울물
가로 달려가 물을 뜨려는 유수프 그 순간 맑은 눈망울의 사슴과
대면하는 유수프

　소년은 물을 뜨다 말고 정지 화면의 물체처럼 고요해진다. 사슴에 넋이 나간 것 같다. 소년의 눈망울은 여느 장면과 마찬가지로 환희와 경이로움, 깨우침과 응시로 황홀하다. 진정 살아있는 어린 영혼의 내면을 온전하게 발현하는 눈망울이 여기서도 빛을 발한다. 이윽고 자리를 털고 일어나 아빠에게 걸음을 옮기는 유수프. 자연에 의지해서 살아가는 야쿱과 그런 아빠에게 자연을 배워 나가는 유수프. 매를 길들이는 장면도 그런 점에서 인상적이다. 등 굣길에 아빠가 풀어주는 매를 따라서 길을 떠나는 유수프. 하지만 아빠의 길어지는 부재를 입증하는 허공의 새 떼는 소년의 텅 빈 가슴을 형상화하기에 충분하다.

　자연과 소년의 관계가 정점에 달하는 것은 마지막 장면이다. 아빠의 실종이 영원한 것으로 드러나자 유수프는 숲으로 걸음을 옮긴다. 멀리서 들리는 천둥소리는 폭우를 예고하고, 시간은 밤으로 달려 칠흑의 어둠을 몰고 올 것이다. 거대한 나무뿌리 사이에 몸을 누인 유수프의 깊고 고른 소리를 롱테이크로 잡아내는 감독의 재능. 마침내 유수프는 그토록 보고 싶었던 아빠를 거목의 둥치에서 찾아내고 몸을 의탁한 것이다! 비는 오지 않았고, 어둠도 유수프를 범하지 못한다.

사라진 영화음악

<허니>에는 음악이 없다. 들리는 것은 모두 자연의 소리와 소음에 가까운 일상의 소리뿐이다. 부엉이 혹은 올빼미의 울음소리, 천둥과 벼락소리, 장대비 쏟아지는 소리, 매의 날카로운 울음소리. 이 모든 소리 가운데 감독이 인위적으로 삽입한 영화음악은 완벽하게 실종되고 없다. 왜 그런가?!

영화음악은 일종의 '필요악'처럼 이해된다. 어느 때 음악이 활용되는지, 생각해보면 사태는 자명해진다. 공포영화에서 음악 혹은 음향효과를 제외해 보시라! 멜로드라마에서 음악과 노래를 제거해 보시라. 긴장이 최고도로 달하는 음모영화의 정점에서 음악과 음향이 배제된 영화를 상상해 보시라! 고개가 설레설레 흔들릴 것이다!

하지만 <허니>는 위에 제시한 부류의 영화가 아니다. 여섯 살 소년의 어느 시점을 포착하여 그것이 아이에게 어떤 빛과 그림자를 던졌는지, 넌지시 드러내는 소품이다. 아이의 변해가는 내면풍경을 일상과 자연에서 끄집어내는 영화에서 인위적이고 작위적인 음향과 음악은 더욱더 불필요한 군더더기 같은 것 아니었을까?!

왜 만들었을까?!

영화를 보면서 '소통과 대화'를 떠올렸다. 유수프가 야쿱과 소통하고 대화하는 방식은 여타 관계의 그것과 아주 많이 다르다. 오직 '아빠 한 사람'에게만 마음을 여는 소년과 어린 아들에게 모든 것을 열고 들어주는 아빠의 소통과 대화방식. 그것이 오래도록 심금을 울려왔다. 저런 방식이 완전 결석한 21세기 한국사회를 떠올린 것이다.

부모는 자식에게 지시하고 명령하며 그의 요구를 들어주는 것으로 의무를 다한다. 자식은 지시와 명령을 순종적으로 이행하고, 그에 합당한 대가를 요구하는 것으로 제몫을 다한 것이다. 여기서 온전한 의미의 소통과 대화는 없다. 입시와 취업과 결혼에 모든 것을 투신해야 하는 청춘들의 도살장에 무슨 소통과 대화가 가능하단 말인가?!

사회적인 문제의식과 문제제기에 관심을 기울이는 '베를린 영화제'가 이런 소품에 대상을 준 까닭이 거기 있지 않을까. 부모 자식

사이의 온전한 소통과 대화가 상실되어 가는 것이 비단 우리만의 문제는 아닐 터이므로. 스마트폰과 각종 전자장비로 무장한 첨단의 시대에 고색창연한 원시 자연의 일부를 형성하는 부자 관계에 바치는 헌사!

<허니>에서 낭송된 랭보의 시 첫 부분을 결말 대신 축복처럼 알려드린다.

여름날의 푸른 밤에는/ 숲길을 걷고 있으리/ 밀 잎에 찔려도 나는/ 잔풀을 밟으며 가리라/ 꿈꾸는 사람처럼 나는/ 그 신선함을 발 아래 느끼리라/ 나는 바람이 모자를 벗은/ 머리 위를 감싸게 하리라/ 나는 말하지 않으리/ 아무 생각도 하지 않으리라/ 그래도 무한한 사랑이/ 내 영혼 속에 솟아오르리라/ 그래서 나는 가리라/ 멀리 멀리 마치 보헤미안처럼/ 한 소녀와 함께인 것처럼 행복하게/ 대자연 속으로 가리라

은밀한 가족

감독 | 알렉산드로스 아브라나스

주연 | 테미스 파누, 레니 피타키, 엘레니 로시누

장르 | 드라마

연도 | 2014

07

불편해서 외면하고 싶은, 하지만

〈은밀한 가족〉

글을 시작하면서

미리 말해두지만 나는 아주 심약한 인간이다. 눈앞에서 누군가 고래고래 막돼먹은 소리를 지르거나, 막무가내 주먹을 휘두르면 그저 망연해져서 침묵한다. 어릴 적부터 그랬던 것 같다. 서너 살 무렵 물뱀에게 먹히기 직전에 처절하게 울어대던 개구리를 구해주지 못하고 비겁하게 도망친 나약한 인간이 나다.

그래서일까. 나는 공포영화를 보지 않는다. 아니, 정확히 말하면 공포영화를 볼 배짱이 없다. 야밤에 화장실을 못 가기 때문이다. (나는 곧 90살이 된다!) 내가 김기덕이나 박찬욱 영화를 보지 않는 것도 그것과 결부돼 있다. 그들이 영화에서 보여주는 폭력은 내가 감당할 수 있는 임계수치를 언제나 넘어서기 때문이다.

　무슨 영화제에서 상을 받았다느니, 인간의 원초적이고 내재적인 사악함과 폭력성을 기막히게 그려냈다느니 해도 결과는 마찬가지다. <피에타>를 보고 열 번도 넘게 다짐했다. 김기덕 영화는 끝이다! <올드보이>를 보고 정신이 도는 줄 알았다. 박찬욱, 저놈은 미친놈이다! 그리고 그자와 확실하게 작별했다.

　내가 낡고 고전적인 인간이어선지 모르지만, 폭력과 살인 그리고 억압이 설득력을 가지려면 거기 합당한 이유가 있어야 한다. <시학>에서 아리스토텔레스가 강조했던 카타르시스는 그 점에서 시사적이다. 근친상간과 친족살해마저 용인하려면 공포와 연민에서 발원하는 정화의 위대한 힘이 동반해야 한다.

가족이란 무엇인가

알렉산드로스 아브라나스 감독은 내게도 전연 생소한 이름이다. <은밀한 가족>은 그의 두 번째 영화로 2013년 '베네치아 영화제' 은사자상 수상작이라고 전한다. '베네치아 영화제' 심사위원들은 그해 최고의 연출력을 선보인 감독에게 수여하는 은사자상을 아브라나스 감독에게 선사한 것이다.

(나는 상당히 의의로 생각한다. 하지만 2012년 김기덕 감독이 <피에타>로 '베네치아 영화제' 대상인 황금사자상을 받지 않았던가?!)

<은밀한 가족>에서 관객은 물음표와 자주 만난다. 영화의 발단과 전개에서 고개를 갸우뚱하다가, 결말에 가까워져서야 비로소 '아하!' 하는 소리가 새나온다. 그만큼 감독은 자상하지 않다. 아니 어쩌면 그런 효과를 통해서 감독은 관객에게 잊기 어려운 공포와 충격 내지 생각거리를 던져주는지도 모른다.

영화를 보면서 우리는 가족의 일반적인 정의와 일상적인 범주에 대해 상당히 혼란스럽다. 아버지 (혹은 할아버지), 어머니 혹은 형님, 딸 혹은 둘째 내지 셋째부인, 손자 혹은 아들…… 이런 형태로 가족의 범주와 정의가 무너져버리는 것이다. 그 모든 혼란의 원천은 오로지 가장, 즉 남성이자 아버지이며 할아버지다.

붕괴된 가족관계는 집안 분위기로 재차 확인된다. 열한 살 소녀

안젤리키의 생일잔치가 한창인데 주인공은 알 듯 모를 듯 미소 짓다가 아파트 베란다에서 투신한다. 하지만 누구도 대성통곡하거나 걷잡을 수 없는 슬픔에 빠져들지 않는다. 안젤리키 엄마인 엘레니의 표정도 덤덤하기 이를 데 없다. 어찌 된 영문인가?!

폭력의 일상화와 무저항

자상하지 않지만 꼼꼼하고 엄격한 할아버지가 초등학생 필리포의 담임선생을 방문한다. 안젤리키가 자살했지만 학과성적이 올랐다는 필리포. 하지만 담임은 필리포가 보여주는 폭력성을 문제시한다. 거기서 드러나는 가정폭력의 일면.

귀가한 할아버지가 필리포와 그의 어린 누이 알크미니를 부른다. 사정 보지 말고 오빠의 뺨을 때리라는 할아버지. 그의 명령을 충실하게 따르는 손녀딸 알크미니. (그녀의 이름은 그리스 신화의 영웅 헤라클레스의 어머니 알크메네에서 기원한다.) 거듭되는 귀뺨을 인내심 있게 견뎌내는 필리포.

그 장면을 할아버지와 엄마 엘레니가 지켜본다. (엘레니의 이름은 '트로이 전쟁'의 원인이자 서양미녀의 원형인 헬레네에서 나왔다). 얼마나 시간이 흘렀을까, 그때서야 엘레니가 아들을 끌어안는다. 할아버지의 지청구와 강제는 지속된다.

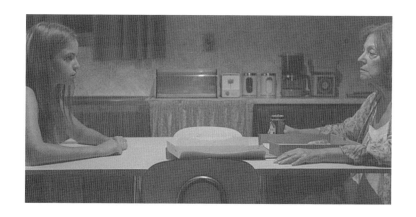

"계집애처럼 동생한테 맞고 사냐? 오늘 하루는 소파에서 지내!"

할머니는 한번도 할아버지에게 저항하거나 이의를 제기하지 않는다. 집안에서 자유롭게 말할 수 있는 사람은 할아버지뿐이다. 그가 유일한 법이고 기준이며 집행자다. 둘째 딸 미르토만이 아버지에게 저항한다. 하지만 그것은 사소한 거짓말이거나 자해 정도에서 멈춘다. 격렬한 저항이나 탈출소동 같은 것은 없다.

아동학대와 성폭력

<은밀한 가족>이 불편하고 힘든 까닭은 아동성폭력 장면과 아버지의 강간 같은 과도한 폭력 때문일 것이다. 도저히 믿기지 않고 믿을 수 없는 장면에서 객석은 숨죽이고 치를 떤다. 어떻게 저

런 상황과 폭력이 가능한가?! 한숨과 탄식이 객석을 흐르고 곳곳에서 신음소리가 터진다. 아, 이것이 인간세란 말인가!

아동학대는 금전관계로 매개된다. 열네 살 소녀 미르토를 아무렇지도 않게 남성 수요자들에게 팔아넘기는 아버지. 그것도 모자라서 성매매 현장에서 딸을 강간하는 아버지. 그는 정녕 미르토의 아버지인가. (미르토는 헤라클레스와 사랑에 빠져 외동딸 에우클레이아를 낳은 그리스 신화의 인물이다.)

다소 성격은 다르지만, 엘레니의 아버지이자 남편은 그녀를 친구에게 넘기고 다시 돈을 받는다. 예닐곱 살밖에 되지 않은 손녀 알크미니를 자기의 늙고 오랜 친구에게 돈을 받고 넘겨주는 할아버지를 보는 것은 더욱 충격적이다. 그렇다. 가족의 생계는 정당한 노동이나 연금에서 나오는 것이 아니다.

딸과 손녀딸, 아니 여성의 이름을 가진 인물 모두 가장과 가족의 생계수단으로 팔려나간다. 무기력한 할머니를 포함한 여성 모두가 가장의 구속과 마수에서 벗어나지 못한다. 엘레니, 미르토, 알크미니. 여기서 우리는 영화의 첫 번째 장면을 떠올린다. 11번째 생일날 자살한 안젤리키의 투신사유를 돌이키는 것이다.

그리스 신화와 영화의 관련?!

<은밀한 가족>의 인물들은 중첩적으로 엮여져 있다. 그리스

신화의 계보를 따르는 척 하지만, 신화와 상당한 거리를 둔다.

할머니의 할아버지 살해는 아이스킬로스의 <오레스테스 3부작> 가운데 첫 번째 작품 <아가멤논>을 연상시킨다. 그러나 비극의 여주인공 클리타임네스트라와 할머니를 동일선상에 올려놓기는 어려워 보인다. 맏딸 이피게네이아를 향한 애절함도, 정부情夫인 아이기스토스의 존재도 없기 때문이다.

헤라클레스와 관련 있는 알크메네와 미르토의 모녀관계 역시 <은밀한 가족>에서는 역전돼 있다. 미르토는 가장의 둘째딸, 알크미니는 미르토 언니 엘레니의 둘째딸로 그려져 있기 때문이다. 엘레니 역시 헬레네의 역사적 의미망을 함축하지 않는다.

그러하되 뒤죽박죽 얽힌 인물들의 관계는 '은밀한' 가족의 극한적인 무질서와 가장의 근친상간 내지 성폭력을 적나라하게 까발리는 효과적인 은유다. 그리스 신화의 제우스는 언제나 사건의 중심에 있다. 그와 마찬가지로 영화의 가장도 모든 것을 주재하고 판단하고 실행하는 최후의 집정관이다. 그들이 지배하는 영역 내지 범위에 차이가 있을 따름이다. 여기서 사유 확장이 가능해진다.

영화의 함의와 야만적인 한국 남자

"우리는 부패하고 잘못된 똑같은 정치인들에게 투표하지만, 그들에게 뭐라 하지 않는다. 영화에서 집은 열려 있다. 언제든 집을 나갈 수 있고, 경찰서에 도움을 요청할 수 있다. 혹은 집을 떠나버릴 수도 있다. 하지만 가족 모두 집을 나가지 않는다. 이게 그리스 현실과 같다는 거다. 그저 현실을 도피하고 묵인하며 살아가고 있다."

아브라나스 감독의 말이다. 그가 영화에서 말하고 싶어 했던 핵심이 드러난다. 묵과할 수 없는 끔찍한 현실을 알면서도 외면하고 회피하면서 하루하루 살아가는 그리스인들의 일상. 그것으로 인해 나날이 악화되는 끔찍한 상황의 연속. 무비판, 무저항, 무기력 그리고 침묵으로 일관하는 사람들.

감독은 다시 말한다. (스테판 에셀의 명저 <분노하라>를 일독하시라!)

"영화의 아버지가 가족을 통제하는 것은 사회가 국민에게 하는 그것과 다르지 않다. 나는 언제나 궁금했다. 이 사회의 권력자가 누구인지. 누가 권력을 휘두르고, 누가 그 고통을 감내해야 하는지. 그리고 다시 생각한다. 가장 끔찍하고 무시무시한 폭력은 누구도 입 밖에 내지 못하는 침묵에서 오는 것이라고"

때마침 <한겨레신문>은 끔찍한 사실을 밝혀낸다. 동남아에서 성매매로 몰려나는 아이들 숫자가 1년에 120만 명 이상이라고 한다. 세계에서 3,000만 명도 넘는 아이들이 성매매와 인신매매에 시달리고 있다는 것이다. 동남아에서 아동의 성을 사는 외국인 가운데 24%가 양키, 26%가 한국 남자들이라 한다!

에그

감독 | 세미 카플라노글루

주연 | 네잣 이슬러, 사뎃 악소이, 우퍽 바이라크타르

장르 | 드라마

연도 | 2007

08

유수프, 새로운 길을 시작하다

〈에그〉

글을 시작하면서

아침 안개 자욱한 가운데 새들이 우짖는 소리와 멀리 닭 우는 소리 들려온다. 하지만 인기척은 느껴지지 않는다. 이윽고 짙은 안개를 뚫고 늙은 여인네 하나 뒤뚱뒤뚱 걸음을 재촉한다. 습기 가득한 들길에는 물기를 한껏 머금은 불원초(잡초)가 가득하다. 서서히 걸음을 걷던 여인은 영사기 앞에서 멈춘다.

잠시 호흡을 가다듬는가 싶더니 왼편으로 길을 다잡는다. 그녀의 뒷모습을 느릿하게 잡아내는 화면에 키 큰 침엽수의 숲이 희뿌연 안개 속에서도 우뚝하다. 마치 평원에 솟아오른 마천루가 천공을 꿰뚫고 있는 느낌이랄까. 그렇게 느릿하고도 오랜 첫 번째 시퀸스가 아무런 배경음악 없이 끝난다.

터키 영화계의 신성 세미 카플라노글루 감독의 3부작 가운데 첫 번째 작품인 <에그>는 이렇게 객석과 만난다. 게으른 것인지 아니면 의도적인 것인지 모르지만, 그의 영화에는 의도되거나 맞춰진 음악이 없는 듯하다. 영화음악을 '필요악'으로 보는 전통적인 영화학도들은 쌍수 들어 환영할 노릇이다.

유수프 : 생명력 없는 건조한 시인

사내가 술을 병째 마신다. 천천히 구두를 벗고 양말을 벗는다. 전화벨이 오래도록 울리지만 사내는 쳐다보지도 않는다. 녹음된 전갈에서 어머니 제흐라의 부음을 받는 사내. 그는 5년 전부터 고향마을 티레의 어머니와 연락을 단절하고 이스탄불에서 그럭저럭 살아간다. 그의 이름은 유수프

한때는 잘 나가던 시인으로 수상경력까지 있는 유수프지만, 이제 그는 생기와 재기를 잃은 퀭한 인간으로 전락했다. 그에게는 시인으로서 퍼낼 수 있는 깊고 맑은 원천, 즉 영감의 샘이 언제부턴가 고갈돼 있는 것이다. 사무적이면서도 굼뜨고 느릿하게 움직이는 유수프에게는 노년의 냄새가 난다.

이스탄불과 티레는 614킬로미터, 9시간 반의 여정이 소요된다. 온밤 길을 재촉하여 고향마을에 들어서는 유수프 어머니의 시신

을 모셔둔 영안실 앞에서 그를 위로하는 사람들. 그들은 그를 '나의 아들!'이라 부른다. 어머니의 죽음을 맞이한 아들을 위로하는 무슬림 특유의 친근함이 느껴지는 장면이다.

이윽고 어머니와 단둘이 있게 된 유수프 침대 위에 꼼짝 않고 누워있는 어머니는 하얀 시트로 온몸이 감싸여 있다. 먼 데서 달려온 아들은 어머니의 얼굴이라도 살펴볼 듯한데, 그는 꼼짝도 않는다. 무표정하고 건조한 얼굴의 유수프를 잡아내는 영사기는 이렇게 말하는 듯하다.

"아들은 어쩔 수 없이 왔을 뿐, 조의를 표하고 싶지도 않은가 봐!"

아일라 : 제흐라와 유수프의 영매

제흐라와 5년 가까이 살아온 처녀 아일라. 대학입학을 목전에 둔 그녀는 유수프가 그랬듯 고향마을을 떠나고 싶다. 대처에서 꿈을 실현하고 싶은 아일라. 그녀에게 유수프는 낯설지만 호기심을 자극하는 인간으로 다가온다. 말수도 적고 붙임성도 없는 유수프가 아일라는 그다지 싫지 않은 듯하다.

장례식을 치른 이튿날 이스탄불로 돌아가려는 유수프의 발목을 잡는 아일라. 그녀는 담담하지만 단호하게 유수프 어머니의 유언이자 마지막 소원을 말한다. 비르기에 가서 양을 제물로 바쳤으면 좋겠다는 유언. 하지만 유수프에게는 그럴 마음이 손톱만큼도 없다. 이튿날 그를 잡은 것은 옛 친구.

지난 5년 동안 조금도 변하지 않은 티레. 거기 남아있는 친구는 거의 없다. 유수프의 애틋한 첫사랑이었던 여인도 파경 이후 티레로 돌아와 있다. 모든 것이 정지화면처럼 느릿하게 흘러가는 고향 마을. 아일라는 유수프가 장례식에서 만난 소년에게 아침을 챙겨주고, 우유를 사라는 거리의 부름에 응답한다.

아일라의 진정에 조금씩 감응하는 유수프 그들은 이윽고 비르기로 떠난다. 승용차로 한 시간 남짓 걸리는 곳을 지나가다 그들은 먼 친척 할머니를 방문한다. 신혼부부로 그들을 오인하는 노파. 하지만 그들은 싫은 기색이 없다. 기묘한 이끌림을 서로에게 경험하는 아일라와 유수프 (대체 어쩌려는가?!)

알(에그)은 무엇을 함축하는가?!

유수프의 손에 들려있는 작은 새알. 메추리알 같기도 하다. 군데군데 검은 반점이 나있는 작은 하얀 알. 느닷없이 알은 깨지고 새들이 소란스럽게 무리지어 날카로운 소리로 울부짖으며 하늘로 비상한다. 소스라치게 놀라서 깨어나는 유수프. 산산이 깨져버린 새알과 하늘로 치솟아 오르는 새 떼!

소년에게 아일라가 달걀을 찾아보라고 말한다. 아일라와 제흐라가 거주하던 집에서 닭 우는 소리가 들린다. 이리저리 찾고 또 찾아보지만 소년은 빈손이다. 유수프도 달걀을 찾아본다. 왼쪽과 오른쪽 닭장을 이 잡듯 찾아보지만 달걀은 결코 눈에 보이지 않는다. 유수프도 결국 빈손이다.

그래서다. <에그>의 끝 장면에 등장하는 달걀이 예사롭지 않은 까닭은. 이스탄불로 떠났던 유수프가 아일라의 집으로 돌아오고, 그런 그에게 아일라는 하얀 달걀을 내민다. 아일라의 손에서 유수프의 손으로 건네지는 따뜻한 달걀. 부재하지도 않고, 깨지지도 않은 채 온전하게 전달되는 달걀의 함의.

알은 생명을 은유한다. "닭이 먼저냐, 달걀이 먼저냐!" 하는 해묵은 논쟁의 해답은 단연코 알이다. 최초의 생명체가 등장한 이후 진화를 거듭한 생물종의 성장 동력은 언제나 알이었다. 난생에서 난태생으로, 난태생에서 태생으로 전화되는 유구한 진화의 사슬이 그것을 입증한다. 알은 영원한 태초의 생명이다.

개와 태엽소리에 담긴 뜻은

아일라와 함께 비르기에 가기 전에 유수프는 쾰추크에 들른다. 칼데라 호수인 그곳에서 그들은 갓 결혼한 신혼부부의 피로연을 구경한다. 하객들이 남녀의 춤을 감상하는 와중에 아일라와 유수프의 눈길이 따스하게 교차한다. 말로는 결코 형언하기 어려운 교감이 그들을 관통하고 있는 것이다.

그럼에도 이튿날 유수프는 미련 없이 아일라와 티레를 떠나 이스탄불로 길을 떠난다. 그런데 무슨 곡절일까! 차도를 벗어나 목장 방향으로 차를 몰고 가는 유수프. 그가 만나는 양 떼와 느닷없이 나타난 커다란 개. 분명 그것은 양 떼를 보호하는 임무를 가진 '파리스의 개'(루벤스)임에 분명하다.

기겁해서 뒤로 나자빠지는 유수프. 개는 오래도록 그의 곁을 떠나지 않는다. 공포와 충격에 떠는 유수프. 하지만 개는 충직하게 그의 주변을 맴돈다. 이때 객석을 엄습하는 유수프의 통곡소리. 길고도 낮게 가슴을 후벼 파는 듯 들려오는 울음소리. 유수프의 흉중을 세차게 두들겼던 것은 무엇일까?!

개는 아버지의 환생일까, 유수프가 달아나려 했던 어머니의 그림자일까?!

<에그>에서 우리는 무시로 들려오는 태엽소리와 만난다. 영안실에서도, 어머니의 유품을 들여다보는 시각에도, 우물에 빠져 괴로워하던 유수프가 잠에서 깨어난 후에도 태엽소리는 들린다. 그 소리는 유수프에게 큰소리로 외치는 듯하다.

"너에게도 시간은 공평하다. 죽음과 맞닥뜨리는 그 시각에도, 공포에 신음하는 때에도, 너에게 허여된 평온한 일상의 시각에도 시간은 언제나 균질하게 흐른다. 너 역시 마지막 시각과 대면할 터. 그것을 잊지 말지어다!"

제흐라와 야쿱의 아들 유수프, 새 삶을 시작하다!

장례식 다음날 유수프는 변호사를 찾아간다. 어머니가 남긴 변변찮은 재산을 정리하고자 함이다. 그는 어머니와 맺은 인연의 끈을 서둘러 끊어내고자 한다. 모든 것을 정리하고 홀가분하게 티레를 떠나려는 것이다. 그러면 유수프가 맺은 혈육관계는 완벽하게 절연된다. 하지만 사건은 거기서 일어난다.

이스탄불의 지인에게 전화를 하다가 간질 발작을 일으키는 유수프. (아아, 어쩌자고 우리는 3부 <허니>를 먼저 봤단 말인가?!) 아버지에게서 대물림한 고귀한 질병 간질. 그가 발작하기 직전 보았던 것은 어릴 적 아버지가 애용했던 밧줄 만드는 장면이었다. 밧줄과 아버지 야쿱의 추락과 유수프의 상실.

그렇게 유수프는 정신을 잃고 만다. 어머니의 유산을 정리하다가 아버지의 죽음과 연계된 밧줄로 인해 발작하는 유수프. 유수프는 어쩔 도리 없이 혈연의 올가미에 칭칭 동여매진 작고 가녀린 영혼을 가진 인간-시인인 셈이다.

정리되다 만 어머니의 유산과 그의 흉중에 아직도 깊게 드리워진 아버지의 죽음. 그 양자 사이에서 영원히 진자 운동하는 시계 추처럼 유수프의 영혼과 육신은 끝도 없이 배회하고 있는 것은 아닐까. 그러하되, 유수프는 고향마을 티레에서 정착하여 새로운 삶의 여정을 출발할 것만 같다. 알을 찾아서!

인터스텔라

감독 ┃ 크리스토퍼 놀란

주연 ┃ 매튜 맥커너히, 앤 해서웨이, 마이클 케인

장르 ┃ SF

연도 ┃ 2014

09

잃어버린 사랑을 우주에서 되찾다!

〈인터스텔라〉

글을 시작하면서

쉽지 않은 천체물리학 영화가 흥행돌풍을 일으키고 있다. 일반 상대성이론, 블랙홀, 웜홀, 시공간의 휘어짐과 5차원세계 같은 물리학용어가 난무하는 영화 <인터스텔라>. 상영시간이 길지만 객석의 몰입정도는 상상 이상이다.

관객을 휘어잡는 힘은 무엇일까. 웃음과 눈물과 교훈을 적절하게 안배하는 작위적 요소 없이 과학적 이성과 무한상상의 세계로 돌입하는 크리스토퍼 놀란의 뚝심. 처음부터 끝까지 진지함 하나로만 무장한 지독한 영화.

<인터스텔라>를 해석하는 허다한 방식과 관점을 되풀이하는

것은 어리석다. 이 글은 서양인들이 바라보는 우주와 자연에 대한
시각을 돌이켜보고, 그들이 어떻게 인간내부에 대한 깨달음으로
회귀하는지 생각하고자 한다.

황사와 사막화는 어디서 오는가

자상하고 따뜻하며 유능한 아버지이자 농부이며 기사인 후퍼.
언제부턴가 황사가 닥쳐왔고, 농장에는 옥수수만 자라고 있다. 사
람들은 황사와 사막화의 원인을 모른다. 지난 세기의 오류라는 말
만 되풀이할 뿐.

대지에 비가 오지 않으면 토양은 건조하고 황폐해진다. 바람이
거세지고, 농작물은 자랄 수 없다. 비가 오지 않는 것은 하늘에 문
제가 있다고 사람들은 생각한다. 하지만 비는 하늘의 선물이 아니
라, 물의 순환이다.

대지와 하천과 호수의 물이 증발하여 수증기가 되고, 그것이 공중으로 올라가 서로 엉켜 구름이 되어 비가 내리는 것이다. 대지가 지나치게 건조하면 기화할 수분이 사라져 버린다. 거기서 최초의 근본적인 문제가 시작한다.

> "사람은 땅을 따르고, 땅은 하늘을 따르고, 하늘은 도를 따르고, 도는 자연을 따른다. 人法地, 地法天, 天法道, 道法自然." (<도덕경> 제25장)

노자에 따르면, 사람이 따라야 할 궁극의 대상은 자연이다. 자연의 이법에서 본질은 인위적인 요소를 제거하고, 스스로 그러하도록 놓아두는 것이다. 하지만 서양역사가 우리에게 가르치려는 것은 무엇인가?!

밖으로 질주하는 사람들

중국에서 들어간 화약과 대포가 서양의 중세 천년을 끝장낸다. 그 무렵 서양에는 대학, 기계시계, 원근법, 복식부기, 인쇄술이 하나둘씩 자리 잡는다. 수량화와 인간중심의 르네상스와 근대가 서양의 새벽녘을 밝히기 시작한 것이다.

150년 정도의 기간을 거친 서양인들은 유럽의 협소함을 문득 깨닫는다. 그리하여 그들은 '대항해시대'를 열고 밖으로 질주하기 시작한다. (정화의 대항해는 논외로 하자. 그들은 대륙과 다름없는 중국에 스스로 갇혔으므로.)

이것이 서양 근대사 500년의 출발이자 뼈대다. 신대륙이라 명명된 남북 아메리카의 무력점령과 식민화, 제국의 탄생과 아시아의 병탄, 아프리카의 노예화가 서양 근대사의 골간 아닌가. 그들은 쉬지 않고 밖으로 달려 나갔다.

<인터스텔라>도 예외는 아니다. 20세기 인간의 무지와 탐욕으로 빚어진 사막화와 거대 황사를 해결하는 대신, 그들은 우주로 나아간다. 그런데 흥미롭다. 지구를 대체할 행성을 찾아 나선 후퍼가 홀연한 깨달음에 도달한 것이다!

밖에서 안을 찾은 후퍼

21세기 첨단물리학이 영화에 동원된 것은 인류공동체 지식기반이 나날이 근접하기 때문이다. 인터넷으로 지식과 정보가 총알처럼 세계를 휩쓸고 다닌다. 우리는 하루가 한 달로, 한 달이 1년으로 줄어든 세계를 살아간다.

압축된 시간과 축소된 공간에서 우리는 원자화된다. 개인의 소외와 무능력과 무기력이 지금처럼 구조화된 적은 일찍이 없었다. 하여 인간은 최소화된 집단의 성원으로 전락한다. 가족은 1인 내

지 2인으로 구성된다.

후퍼의 어린 딸 머피는 아빠가 자신을 버렸다는 생각에 긴 세월을 괴로워한다. 그러다가 홀연히 깨닫는다. 아빠가 그녀를 버린 게 아니라, 광막한 우주 어딘가에서 자신에게 규칙적으로 신호를 보내고 있음을 알아차린다.

후퍼가 5차원 큐브에서 머피에게 내면을 토로하는 장면은 압권이다. 자신을 떠나보내지 말라고 외치는 후퍼는 아득한 시공간에서 깨닫는다. 떠나면 안 된다는 것을! 머피와 함께 머물러 있어야 한다는 것을! (만 박사와 후퍼의 대결은 시사적이다!)

<인터스텔라>가 설득력 있는 지점은 여기다. 밖으로 질주하던 서양인들이 늦게나마 안을 들여다보고 성찰하고 있는 것이다. 안에 문제가 있다면, 소중한 사람이 내부에 있다면 밖으로 나가기 전에 안을 응시해야 한다.

우주에서 사랑을 깨닫다

기원후 130년 무렵 프톨레마이오스의 주장 이후 코페르니쿠스에 이르기까지 천동설은 요지부동이었다. 지동설은 티코 브라헤, 갈릴레이 갈릴레오, 요하네스 케플러를 거쳐 뉴턴에 이르러 정립

된다. 오래도록 하늘을 바라보고 살았던 인간은 <프린키피아>(1687)에 이르러 우주의 운항법칙을 확연히 인식하게 된다.

거기서부터 그들은 인간내부를 천착하여 20세기에 정신과 영혼 및 잠재의식에 푯대를 세운다. 먼 길 돌고 돌아 인간본연을 깨달은 그들에게 노자는 말한다.

> "문을 나가지 않아도 천하를 알고, 창문을 내다보지 않아도 하늘의 이치를 안다. 멀리 가면 갈수록 그 지혜는 짧아지나니. 不出戶, 知天下, 不闚牖, 見天道. 其出彌遠, 其知彌少." (<도덕경>, 제47장)

후퍼가 에드먼드 항성에 있는 아멜리아를 찾아 나서는 것은 이런 깨달음과 맞닿아 있다. 머피를 떠나 우주에서 머무름과 사랑을 깨달은 후퍼. 사랑을 잃고 나서 사랑을 찾은 인간 후퍼는 그렇게 다시 길 떠나는 것이다. 머물기 위해!

어떻게 보면 영화는 모순적이다. 머피의 병실에 모여든 후손들은 지구가 당면했던 문제가 해결되었음을 보여준다. 영화는 안으로 지구의 황사와 사막화를 해결하고, 밖으로 우주탐사를 지속한다는 따뜻한 결말을 담고 있다.

님아, 그 강을 건너지 마오

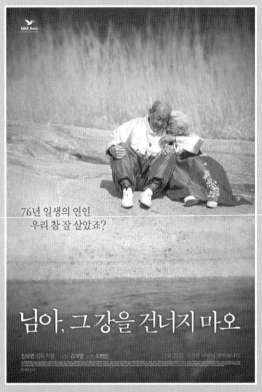

감독 | 진모영

주연 | 조병만, 강계열

장르 | 다큐멘터리

연도 | 2014

10

현대판 공무도하가

〈님아, 그 강을 건너지 마오〉

글을 시작하면서

정문 부근 중국집에서 간짜장을 먹다가 휴대전화를 받는다. "오빠, 아버지 돌아가셨어!" 나무젓가락을 짜장 그릇에 박아두고 자리를 털고 일어선다. 이럴 수는 없다. "119 구급대에 전화했니? 심폐소생술 해달라고 해라. 큰오빠한테 연락하고 바로 올라가마!"

음력 2002년 12월 9일 저녁나절 일이다. 아까 오전에 한 시간 넘도록 아버지 씻겨드리고 점심 같이 먹고 내려온 길 아니었던가. 아버지는 언제나 씻기를 싫어하셨다. 어머니 대신 내가 때밀이 수건으로 아버지 씻겨드린 게 몇 시간 전이다. 아버지는 어머니 말은 한사코 아니 들으시지만 내가 드리는 말씀은 잘 들으셨다.

　점심 먹고 열차 시각까지 꽤나 시간이 남았는데, 아버지는 출발을 채근하셨다. 창밖에는 눈이 장엄하게 쏟아지고 있었다. 그러는 동안 아버지는 연신 기침을 하셨다. 욕실과 거실의 온도차로 인한 것이려니 생각했다. 아버지 기침소리는 아파트 현관을 나서야 비로소 들리지 않았다. 열차편으로 동대구에 도착한 것이 저녁나절!

현대판 공무도하가 (公無渡河歌)

　"임이여 물을 건너지 마오. 임은 끝내 물을 건너시네. 물에 빠져

가셨으니, 장차 임을 어찌 할꼬

　공무도하 공경도하 타하이사 장내공하 公無渡河 公竟渡河 墮河
而死 將奈公何."

　진나라 최표의 <고금주>에 기록된 <공무도하가>의 배경설화
는 사뭇 쓸쓸하다. 조선의 나룻배 사공 곽리자고가 새벽에 일어나
배를 저어 가는데, 흰 머리의 미친 사람이 머리를 풀어헤치고 호
리병을 들고 어지러이 강물을 건너는 것이었다. 그의 아내가 뒤쫓
아 소리치며 막았으나, 다다르기 전에 그는 물에 빠져 죽었다.

　이에 그의 아내는 공후(箜篌)를 타며 <공무도하> 노래를 지으
니, 그 소리가 매우 구슬펐다. 그의 아내는 노래가 끝나자 물에 투
신하여 죽었다. 곽리자고가 돌아와 아내 여옥(麗玉)에게 그 광경을
이야기하고 노래를 들려주니, 여옥이 슬퍼하며 공후로 그 소리를
본받아 타니, 듣는 자 가운데 눈물을 흘리지 않는 이 없었다.

　이상은 <공무도하가> 혹은 <공후인>에 대한 일반적인 기록
이다. 흰 머리 풀어 헤친 미친 남편이 강을 건너다 죽자 아내가 쫓
아와서 노래 부르고 따라 죽었다는 설화. <님아, 그 강을 건너지
마오>는 (이하 <님아>) 제목부터 고대설화를 연상시킨다. 그러
하되 <님아>는 극적인 요소를 배제한 기록영화 형식을 취하고
있다.

부부의 연에 대하여

불가에서는 옷깃 한 번 스치는데 500겁의 인연이 필요하다고 설한다. 부부의 연을 맺는데 필요한 시간은 7,000겁이다. 부모자식 인연이 8,000겁, 형제자매 인연이 9,000겁, 사제지간 인연이 1만겁인 것에 비하면 상대적으로 작다. 하지만 혈연과 깨우침의 인연을 제외하면 이생에서 가장 무겁고 소중한 것이 부부의 연이다.

<님아>가 세간의 화제가 되는 까닭은 여기서 발원한다. 98세 조병만 할아버지와 89세 강계열 할머니의 기나긴 부부지연(夫婦之緣)이 영화의 고갱이기 때문이다. 만난 지 30일이나 50일 혹은 100일이 되면 잔치를 벌이는 청춘세대가 스스로를 돌아보는 계기로 작용하는 영화. 70년이 넘도록 부부의 연을 이어오는 두 분의 이야기.

그들의 삶은 한국인의 평균적 자화상 밖에 있다. 무한경쟁, 성공, 권력, 아파트 평수와 주식, 혹은 노욕으로 빚어지는 일탈! 그들은 일상적 탐욕과 부패 내지 타락으로부터 자유롭다. 천지운행과 사시변화(四時變化)에 따라 주어진 시공간을 평안하게 유영하며 살아간다. 봄에는 물장난하고, 여름에는 평상에서 소나기 피해 잠들고, 가을에는 낙엽으로 유희한다. 한겨울 소복하게 내린 눈을 먹고 눈사람 만들며 살아간다.

그래서다. 중환자실로 이송된 남편의 회복이 아니라 석 달만 더 살아달라는 할머니의 소망이 명치끝을 찌르는 아픔으로 다가오는 까닭은. 돌이킬 수 없음을 직관으로 깨달은 늙은 아낙의 소망이 절절한 것은 그래서다. 황혼이혼이 늘어가고, 고독사하는 노인과 자살하는 할아버지가 급증하는 세태의 한 줄기 빛이 <님아>다.

가족이란 무엇인가

<님아>의 설득력은 가족들의 불화에 기인한다. 화목하기만 하고 다복한 노인들의 일상이 화면을 시종했다면 <님아>는 다양성 영화의 수위자리를 차지하지 못했을 터다. 그것은 영화의 솔직함과 직선성에 관객이 부여한 훈장 같은 것이다. 빛과 그림자, 봄과 겨울, 낮과 밤, 탄생과 소멸의 양면을 고루 비치는 자의 덕목!

할머니의 89세 생일날. 장성해서 대처로 떠난 아들딸과 손자손녀들이 횡성 산골마을로 모여든다. 허다한 촛불을 헤아리기 전에 연기와 더불어 촛불은 사그라진다. 오랜만에 산진해미가 밥상에 오르고 노인들의 표정도 환하다. 그것도 잠시. 맏딸과 장남의 대거리가 질펀하게 터져 나오고, 노인들의 수심과 눈물이 번진다.

서로 상처내기 쉽고 상처받기 쉬운 게 가족이라지만 오랜만에 모인 잔칫상 언쟁은 무겁기 그지없다. 하지만 그것이 가족인 것을 어이하랴. <님아>에서 그 장면이 빠졌다면 객석은 허전했을 것이다. 어떤 집이고 간에 한두 번은 겪었을 풍경이었기에. 그러하되

노인들의 눈에서 흘러내리는
눈물의 원죄는 어찌할 터인
가.

할아버지의 임종 때가 되
어서야 자신들의 무심함과
불효를 반성하는 아들들이지
만 변한 것은 하나도 없다.
키 낮은 의자도, 곰팡이 핀 벽지도 변함없다. 마당에 걸려 노인들
의 얼굴과 표정과 일상을 비춰주는 거울을 고쳐 다는 것도 아들들
의 몫은 아니었다. 그것이 2014년 한국사회 중년 남성들의 우울한
자화상일 것이다.

천지불인과 생로병사

> "봄이 되면 말이어, 꽃봉오리가 핀다 이거지. 그게 여름이 되면
> 활짝 피어나고, 가을이 되어 서리 맞으면 영락없이 지거든. 서리
> 맞으면 그걸로 끝이란 말이지."

돌이킬 수 없는 자연의 이법을 설파하는 할아버지 낯빛에 일말
의 그늘도 없다. 어쩔 도리 없는 인생사 윤회의 질곡을 감당해야
한다는 표정이다.

노자는 그것을 일컬어 '천지불인'이라 했다.

> "천지는 어질지 않아서 세상만물을 지푸라기로 만든 개처럼 여
> 긴다! 天地不仁 以萬物爲芻狗." (<도덕경> 제5장)

그것이 생명 있는 모든 것의 운명이다. <님아>에서 할아버지
보다 먼저 세상 버리는 '꼬마'가 본보기다. 반면 '공순이'가 얻은
여섯 마리 새끼는 천지불인의 다른 양상이다. 한쪽에 죽음이 있으
면, 다른 쪽에는 생명이 있음이다. 일컬어 '생로병사' 아니겠는가!
그 영원한 족쇄로부터 탈주하는 것이 '해탈'일 것이고!

<님아>는 태어남과 죽음, 늙어감과 병듦을 포장하지 않는다.
윤색이나 각색을 줄이고 있는 그대로 삶과 죽음의 본령을 전달하

려는 의지가 돋보인다. 지독하게 가난했던 시절 죽은 육남매의 내복을 뒤늦게나마 구해서 할아버지의 저승길 동반자로 삼는 장면에 콧날이 찡했다. 저승에서 대면할 어린 것들을 위한 마지막 배려!

할머니의 눈사람, 아버지의 눈사람

서설(瑞雪)이 푸근하게 내린 어느 겨울날 할아버지는 불귀의 객이 된다. 모두가 떠난 자리에 할머니 혼자 덩그마니 남는다. 할아버지 봉분에 눈사람이 올려져있다. 어느 겨울엔가 둘이서 만들었던 눈사람이 이제 혼자서 외롭게 서 있다. 어린 것들의 내복을 불사르며 할머니는 눈물바람이다. 설움에 북받친 할머니의 곡이 오래 이어진다.

　　"아이고, 불쌍해라. 불쌍해서 어쩌누. 할아버지 생각할 사람은
　　나밖에 없는데!"

저승에서 기다릴 어린 것들도 있겠지만, 할머니의 할아버지 걱정은 끊이지 않는다. 입성조차 분별하지 못하는 어린애 보살피듯 남편 수발했던 할머니. 이제는 그 인연을 놓아야 할 시각. 할아버지 무덤 위에 놓인 눈사람이 녹아내리듯 기나긴 만남의 마지막 작별이 시나브로 다가오고 있음이다. 거기서 연상되는 눈사람 하나!

음성군 생극면 대지 공원묘지! 아버지를 모시고 난 첫 번째 기일에 그곳을 찾았다. 눈이 소담스럽고 하얗게 내린 그날. 어린 조카아이가 눈사람 만들어 할아버지 봉분에 올려놓았다. 차마 그 장면이 잊히지 않아 글로 쓴 기억이 엊그제처럼 환하다.

아버지 산소에도 눈이 함초롬히 덮여 있다/ 동생의 막내 녀석이 아주 작은 눈사람을/ 할아버지 등 위에 올려놓는다/ 계수의 눈사람에 어머니는 이목구비를 달아 주시고/ 아버지 발치에서는 아우의 담배가/ 가느다란 연기를 허공에 흩뿌리고/ 머리맡에서는 당신의 소주가 눈과/ 하나 되어 대지로 흘러든다 (<상실> 4-5연)

김규종

경북대학교 인문대학 노어노문학과 교수. 대경민교협 집행위원장(2004~2006), 경북대학교 전교교수회 부의장(2008~2010), 대경민교협 의장(2012~2014), 경북대학교 인문대학장(2012~2014) 등을 지냈다. 지은 책으로 『대학생으로 살아남기』(2008), 『문학교수, 영화 속으로 들어가다 1, 2, 3, 4』, 『극작가 체호프의 희곡을 어떻게 읽을 것인가』(2009), 『기생충이 없었다면 섹스도 없었다?!』(2009), 『소련 초기 보드빌 연구』(2011) 등이 있고, 『강철은 어떻게 단련되었는가』(1991), 『광장의 왕』(2007), 『체호프 희곡전집』(2010) 등을 우리말로 옮겼다.

요즘에 그는 동양고전과 대중 강연에도 관심을 돌리고 있으며, 세상의 애환과 살아가는 일의 고달픔을 아프게 반추하고 있다.

http://blog.naver.com/satira44(시대로 열린 창)에서 그의 생각과 만날 수 있다.

문학교수, 영화 속으로 들어가다 5

ⓒ 김규종 2015

초판 1쇄 발행 2015년 7월 15일

지은이 김규종
펴낸이 최종숙
책임편집 이태곤 **편집** 문선희 박지인 권분옥 이소희 오정대
디자인 안혜진 이홍주
마케팅 박태훈 안현진
펴낸곳 글누림출판사
출판등록 제303-2005-000038호(등록일 2005년 10월 5일)
주소 서울 서초구 동광로46길 6-6(반포4동 577-25) 문창빌딩 2층(우137-807)
전화 02-3409-2055(편집부), 2058(영업부) **팩스** 02-3409-2059
전자우편 nurim3888@hanmail.net **홈페이지** http://www.geulnurim.co.kr
정가 15,000원
ISBN 978-89-6327-306-8 04680
        978-89-6327-305-1(세트)

＊이 도서의 국립중앙도서관 출판시도서목록(CIP)은 서지정보유통지원시스템 홈페이지(http://seoji.nl.go.kr)와 국가자료공동목록시스템(http://www.nl.go.kr/kolisnet)에서 이용하실 수 있습니다.(CIP제어번호: CIP2015017417)